FACULTÉ DE DROIT DE PARIS

DES

DONATIONS ENTRE ÉPOUX

EN DROIT ROMAIN

DE LA

QUOTITÉ DISPONIBLE ENTRE ÉPOUX

EN DROIT FRANÇAIS

PAR

Jules-Marie-Hippolyte RIMASSON

AVOCAT A LA COUR IMPÉRIALE
Élève de l'école des Chartes

G. R.

PARIS
GUSTAVE RETAUX, LIBRAIRE-ÉDITEUR
Rue Cujas, 15
1867

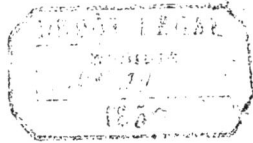

FACULTÉ DE DROIT DE PARIS

DES

DONATIONS ENTRE ÉPOUX

EN DROIT ROMAIN

DE LA

QUOTITÉ DISPONIBLE ENTRE ÉPOUX

EN DROIT FRANÇAIS

THÈSE POUR LE DOCTORAT

SOUTENUE PAR

JULES-MARIE-HIPPOLYTE RIMASSON

Né à Fougères (Ille-et-Vilaine)
AVOCAT A LA COUR IMPÉRIALE
Élève de l'école des Chartes

— G. R. —

PARIS

GUSTAVE RETAUX, LIBRAIRE-ÉDITEUR

Rue Cujas. 15

1867

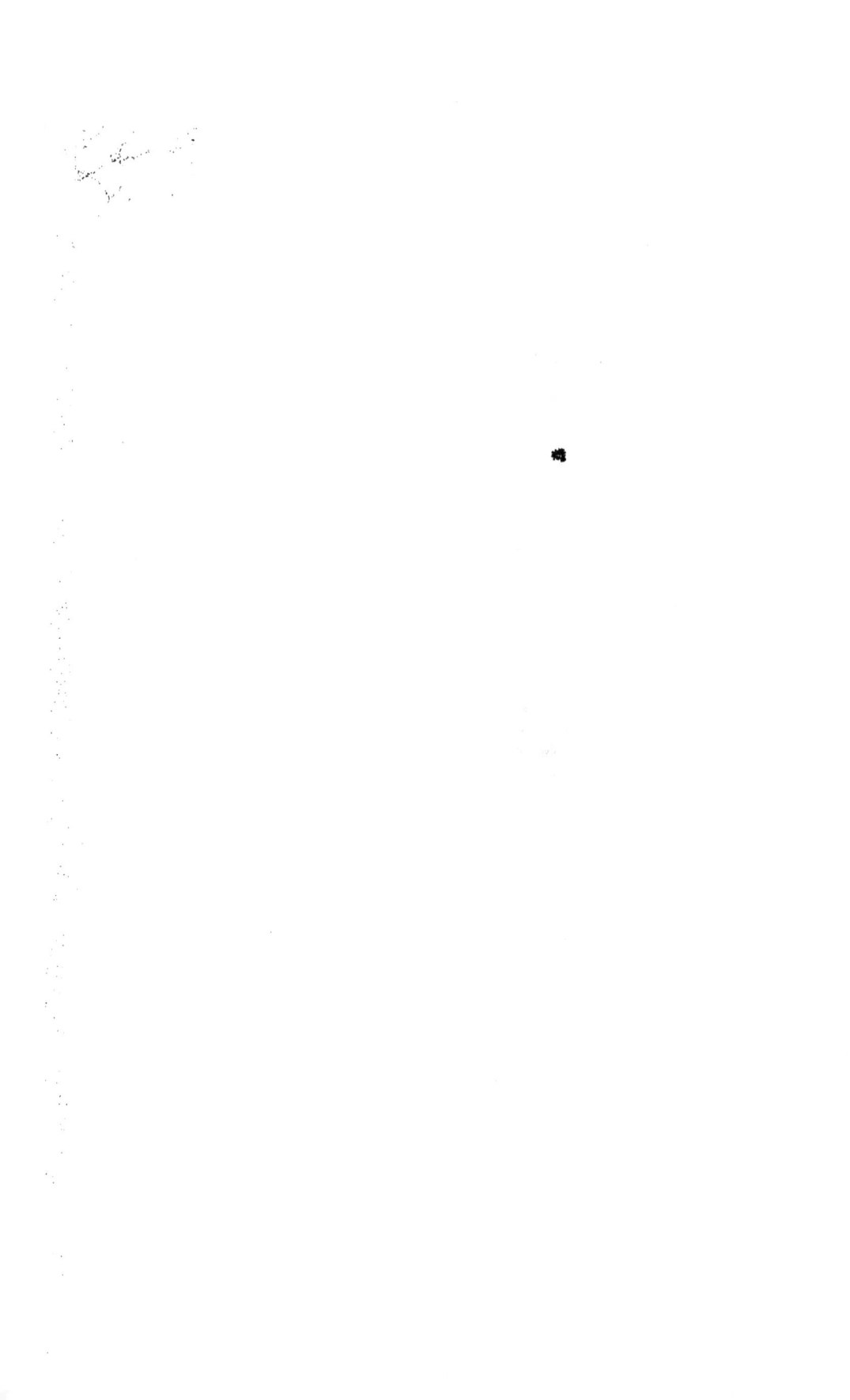

A LA MÉMOIRE DE MON PÈRE

A MA MÈRE

A MA TANTE — A MA SŒUR

DROIT ROMAIN

DONATIONS ENTRE ÉPOUX

Dig., de don. int. vir. et ux., Lib. XXIV. T. I.
Cod., de don. int. vir. et ux. Lib. v. T. XVI.

Majores nostri inter virum et uxorum donationes
prohibuerunt, amorem honestum solis animis
estimantes L. 2. pr. de donat. int. vir. et ux.

CHAPITRE PREMIER

Législation antérieure au sénatus-consulte d'Antonin Caracalla.

SECTION PREMIÈRE

Motifs de la prohibition de disposer entre époux ; à quelles personnes et à partir de quel moment s'applique cette prohibition.

Aux premières époques de la législation romaine, nous ne trouvons aucune prohibition de donner entre époux. Cette prohibition n'apparaît que vers la fin de la République [1], non pas comme l'œuvre d'une loi

---

[1] Cette prohibition de disposer entre époux doit être postérieure à la loi *Cincia*, 203 ans avant Jésus-Christ, puisque cette loi range spécialement les époux parmi les personnes qui sont affranchies des restrictions décrétées par elle. En vain, certains auteurs prétendent-ils que cette exemption ne s'applique

1

expresse et formelle, mais comme l'expression d'une coutume devenue générale. C'est donc à cette partie de la législation comprise sous le nom de *jus non scriptum*, qu'il faut la rattacher. *L. 1er de don. int. vir et ux. L. 3 Pr. h. t.*

Pourquoi cette jurisprudence coutumière ? Les jurisconsultes romains nous le disent dans des textes nombreux : parce qu'on craignait des abus d'influence d'un époux sur son époux, dans le but de lui arracher des donations ; parce qu'il importait que l'amour seul déterminât au mariage ; parce que la paix et la concorde ne devaient pas être achetées par des donations, et que les époux, libres de tout sentiment étranger, devaient se consacrer exclusivement, conformément au but même du mariage, à l'éducation de leurs enfants. *L. 1er de donat. int. vir. et ux. L. 3 princip. h. t.*

A quelles personnes cette prohibition s'applique-t-elle ? Les concubins pouvaient certainement se faire des donations. Le concubinat n'était pas un mariage. C'était une union d'un ordre inférieur. Alors même que le concubinat se serait converti en mariage, cette transformation n'avait pas pour résultat de faire tomber les donations antérieurement faites, à moins que le donateur ne fût un militaire. *L. 2 de don. int. vir. et ux. Cod.*

qu'aux donations permises exceptionnellement aux époux, après l'introduction, dans la jurisprudence romaine, du principe de la prohibition. Ce système n'est pas soutenable, en présence du § 302 des fragments du Vatican, dont la généralité repousse toute distinction.

La donation est possible tant que le mariage n'est pas conclu. Elle est permise, même après le contrat de fiançailles, même le jour du mariage, pourvu qu'elle intervienne, avant sa conclusion. *L. 27. Dig. h. t.* Le moment précis de la conclusion du mariage est donc important à déterminer, puisqu'il ferme pour les époux le droit de se faire des donations. Or, on sait que le mariage, dans le droit romain, était un acte, dont la validité restait entièrement indépendante des solennités qui l'environnaient, lesquelles n'étaient requises que, *ad pompam et ostentationem*. Était-ce un contrat consensuel ou un contrat réel ? Dans le premier cas, du moment où il y aura eu consentement, plus de donation possible ; dans le second cas, au contraire, les donations resteront permises jusqu'à ce que le mari, en quelque sorte, ait été mis en possession de la femme. Nous croyons que le mariage est un contrat réel, en ce sens que deux conditions sont nécessaires pour sa formation : 1° le consentement des parties ; 2° la possibilité de la vie commune. La *deductio in domum mariti*, n'est pas d'ailleurs indispensable, si la vie commune a pu prendre son commencement d'une autre manière, comme le prouvent plusieurs textes du Digeste. *L. 66, Pr. et § 1ᵉʳ Dig. de donat. int. vir. et ux.* Mais pas de mariage sans une *individua vitæ consuetudo.*

Supposons qu'un avantage indirect dépendant de la réalisation du mariage ait été fait par Titius à Sempronia ; par exemple, il a exagéré l'estimation des biens qui ont été apportés en dot. Cette donation déguisée ne devant recevoir sa perfection dernière qu'après la conclusion du mariage. Ulpien, par une déduction rigoureuse du principe, la déclarait nulle, alors pourtant que la nature des choses empêchait de rattacher cette donation à un abus d'influence. Mais aussi, peut-être le jurisconsulte s'inspirait-il de cette pensée, que le mariage ne doit avoir d'autre base et d'autre raison d'être que les sentiments d'affection réciproque des contractants, et, à ce point de vue, sa solution devient irréprochable. *L.* 12 *Pr. de jur. dot.* *Dig. L.* 15 *Pr. de donat. L.* 4 *de don. ant. nup.* *Cod.*

Une remarque importante, c'est que cette prohibition de donner entre époux ne s'appliquait qu'aux mariages libres, et ne pouvait concerner les mariages dans lesquels la femme était tombée sous la *manus* du mari. Dans ces mariages, le mari qui aurait fait une donation à la femme se serait donné à lui-même, et, quant à la femme, elle n'avait rien à elle, comment aurait-elle donné [1]?

Une seconde remarque, c'est que, si nous supposons l'époux donataire *alieni juris*, l'incapacité qui le frappe va s'étendre, par une logique nécessaire, aux personnes qui sont placées sous la même *patria potestas*, ainsi qu'au *pater*. De même que, si nous le supposons *paterfamilias*, la même incapacité va saisir toutes les personnes qui sont placées sous sa puissance. Cette conséquence de l'organisation de la famille romaine cessait, quand le lien de puissance était rompu. C'est ainsi que le fils émancipé recouvrait la faculté de rece-

[1] Quam mulier in manum convenit, omnia quae mulieris fuerunt, viri fiunt, dotis nomine. Top. ch. 3. Cicéron.

voir les dons de son père ou de sa mère. Toujours, comme conséquence de cette même organisation de la famille romaine, les enfants que la femme avait eus d'un premier mariage, ne se trouvant pas placés sous la puissance du mari, cette femme pouvait valablement disposer en leur faveur, tandis qu'elle n'aurait pu le faire, en faveur des enfants que le mari aurait eus d'un premier mariage, ou en faveur des enfants communs, ces enfants étant placés sous la puissance du mari.

Du reste, l'introduction des pécules modifia profondément ces conséquences. Depuis la création du pécule *castrense* et *quasi-castrense*, la mère put valablement donner à son fils, tout ce qui pouvait rentrer dans ces pécules, et, après l'admission des pécules adventices, elle put lui faire valablement toute espèce de donations, du moins, quant à la nue-propriété.

On avait, d'ailleurs, toujours permis à la mère de constituer une dot à sa fille, bien que cette dernière fût en la puissance du père, parce que l'acquéreur de cette dot, c'était le mari.

SECTION DEUXIÈME

Quelles sont précisément les Donations qui sont prohibées.

Nous allons nous occuper, maintenant, des conditions nécessaires pour que la prohibition de donner entre époux reçoive son application, et nous allons voir que ce principe subit de nombreux échecs, dans la pratique Romaine.

Une première condition, pour que la donation fût prohibée, c'était qu'il en résultât un appauvrissement pour le donateur ; et remarquons que, d'après le point de vue des jurisconsultes Romains, celui-là ne s'appauvrissait pas qui négligeait d'acquérir, pour faire profiter de cette acquisition une autre personne. C'est un point de vue différent de celui où s'est placé le législateur français, et, d'après lequel, l'époux pouvait en toute liberté, sans que la prohibition l'atteignît d'aucune manière, avantager son conjoint indirectement, par exemple, en répudiant une hérédité, pour lui permettre d'arriver à la succession ab intestat, ou, s'il était substitué, de réaliser cette substitution. C'est ainsi encore que l'abandon complet de toute la succession par l'époux fiduciaire, au profit du conjoint fideicommissaire, eût-il même été autorisé par le testateur à prélever quelque chose, n'était pas interprété comme une donation, et ne tombait pas, en conséquence, sous la prohibition qui atteignait ces actes. *L.* 5, § 16, *de donat. int. vir et ux.*

Nous trouvons une autre application de la même idée qu'un appauvrissement est nécessaire, dans la *loi* 25, *de don. int. vir. et ux.* Le jurisconsulte Terentius Clemens nous dit que, si, pendant le mariage, il a été fait donation à la femme d'une chose dont la propriété n'appartenait pas au mari, cette femme pourra en commencer immédiatement l'usucapion. Tous les commentateurs s'accordent bien à reconnaître que la femme pourra usucaper la chose d'autrui, dont le mari lui aura fait donation, si le mari ne peut usucaper lui-même cette chose. Mais la difficulté et

la controverse se présentent, si nous supposons que
le mari peut usucaper lui-même la chose qu'il a
donnée. Sur cette difficulté, deux systèmes :

Premier système : Le mari s'appauvrit, en renonçant à une usucapion qui peut s'accomplir en sa faveur,
donc la femme ne peut usucaper. On en trouve la
preuve dans la loi *pro donato*, dont voici les termes :
« Si vir uxori, vel uxor viro donaverit : si aliena res
donata fuerit : verum est, quod Trebatius putabat, si
pauperior, is qui donasset, non fieret, usucapionem pos-
sidenti procedere. » Voilà des mots significatifs, dit
le premier système, *si pauperior, is qui donasset, non
fieret*, et qui sont, à eux seuls, une démonstration.

Deuxième système : Le mari ne s'appauvrit pas sur sa
propre chose, or, cette condition serait nécessaire
pour que la donation tombât. Nous lisons, en effet,
dans la loi 25 : « Nam jus constitutum, ad eas donationes pertinet, ex quibus et locupletior mulier, et
pauperior maritus in *suis rebus* fit. » D'ailleurs cette
même loi 25 résiste, par sa généralité, à toute distinction. Quant à la loi 3 *pro donato*, *Dig.*, sur laquelle se
fondent nos adversaires, on peut facilement répondre
que cette loi recevra son application dans un cas
spécial, celui où le donateur aura acquis la chose
d'autrui à titre onéreux, au lieu de l'avoir acquise à
titre lucratif. Comment, enfin, admettre que le donateur qui ne s'appauvrit pas, nous disent les jurisconsultes, en renonçant à une succession, en restituant toute
l'hérédité grevée d'un fideicommis, soit, au contraire,
considéré comme s'appauvrissant, lorsqu'il donne à
sa femme une chose qu'il était seulement en voie

d'acquérir par usucapion. Ce second système nous semble préférable au précédent.

Remarquons, en terminant, la bizarrerie de cette situation spéciale, dans laquelle un époux qui croit contrevenir à la loi, en acceptant une donation de son conjoint, n'en arrive pas moins à l'usucapion de la chose qu'il a reçue, en vertu d'un juste titre, dont il ignore l'existence.

L'appauvrissement du donateur devait concourir, en outre, avec l'enrichissement du donataire, pour que la prohibition s'appliquât ; que si donc, un époux avait fait donation à son époux d'un lieu de sépulture, aucune nullité ne frappait une pareille donation, parce qu'il n'en résultait aucun avantage immédiat pour le donataire, *L.* 5, § 8 ; et, bien que, dans la rigueur des principes, la question se résolût, par le fait, en un avantage pour l'époux, déchargé ainsi des frais que lui aurait coûté l'acquisition d'un emplacement funéraire, cependant on n'en validait pas moins une telle concession, sans doute, par application de cette maxime proclamée par Paul que : « Sane non amare nec tanquam inter infestos, jus prohibitæ donationis, tractandum est. » *Paul. L.* 28, § 2.

Autre exemple : Un époux subit une perte : La donation que lui fait son conjoint, dans le but de réparer cette perte, doit être maintenue. Ainsi, un époux donne à sa femme les sommes nécessaires pour reconstruire sa maison détruite par accident. À proprement parler, cette femme ne s'est pas enrichie : et, en effet, dit Cujas : « Mulier ex eâ pecuniâ non videtur facta locupletior, quia tantum minuit quantum accepit. »

De même, chacun des époux peut donner à l'autre un esclave, pour l'affranchir, L 7. § 9.

La loi 5 § 12 et § 17 nous fournit également, dans deux paragraphes, d'autres applications, en supposant, dans le premier, une donation dont le montant devait être consacré à un service divin, dans le second, une donation, avec le produit de laquelle, le conjoint donataire a aidé son cognat à faire face aux dépenses qu'entraînaient pour lui les fonctions publiques, dont il était revêtu. Et même, en ce sens, Antonin le pieux, et ses successeurs, promulguèrent plusieurs constitutions, comme nous l'apprennent Gaius et Ulpien. L. 42, *Gaius.* — T. 7, § 1. *Ulpien.* On peut consulter, toujours comme applications du même point de vue, *L.* 7, § 1 *et* § 8. *L.* 9, § 1. *L.* 18, *L.* 28, § 2. *L.* 31, § 6 *de don. int. vir. et ux.* — *L.* 6, § 5 *et* *L.* 9, § 1. *de præsc. verb. Paul sent. L.* 2, *T.* 23 § 2.

Il paraît résulter d'un fragment d'Ulpien formant la loi 17 *Pr. de don.*, que la donation entre époux était permise, à condition de ne porter que sur les revenus et les fruits. Au contraire, Marcellus, dans la loi 49 *de don.*, s'inscrit contre la validité d'une pareille donation. Enfin, Pomponius, dans un troisième texte, *L.* 45 *de usur. et fruct.*, distingue entre les fruits industriels et les fruits naturels, pour attribuer les premiers au conjoint donataire, et lui refuser les seconds[1]. Ces

---

[1] Ce serait une grave erreur de prétendre, en se fondant sur la loi 45 *de usuris,* que le possesseur de bonne foi n'a droit qu'aux fruits industriels. Cette prétendue restriction est condamnée, de la manière la plus formelle, par la loi 48 *pr. de*

textes ne peuvent être conciliés entre eux, et attestent évidemment une divergence entre les jurisconsultes. Du reste, cette divergence n'existe pas, en ce qui concerne l'abandon que pourrait faire le mari des fruits provenant de biens dotaux, ces fruits ne peuvent être détournés de leur destination naturelle, qui est de subvenir aux charges du mariage. Aussi, Julien et Ulpien sont-ils les premiers à défendre au mari de renoncer aux intérêts de la dot. *L. un. si dos const. mat. Cod. L.28 de pact. dot. Dig.*

De même que les donations de fruits et intérêts, les donations modiques sont permises entre époux. Rien ne s'opposait à ce que les femmes offrissent des cadeaux à leurs maris, aux fêtes de Saturne, et qu'elles en reçussent, aux calendes de Mars.

Il ne faudrait pas conclure de la prohibition de donner entre époux que les Romains connussent notre principe moderne de l'art. 1543 C. N., d'après lequel, la dot ne peut être constituée, ni même augmentée, durant le mariage. » *Paul, L. 2, t, 21 § 1 L. 4, de jur. dot., L. 26. § 2 de pact. dot., L. 17 de pact. dot. L. 5. solut. matrim.* C'est en vain qu'on s'appuierait, pour le prétendre, sur le § 3 des *instit. de donat.*, dans lequel Justinien paraît dire que l'empereur Justin a, le premier, permis d'augmenter la dot

acq. dom. Remarquons, d'ailleurs, que Pomponius ne dit pas que les fruits naturels n'appartiennent jamais au possesseur de bonne foi, mais seulement que, quiconque possède de bonne foi ne peut pas y prétendre. En un mot, outre la bonne foi, il faut une *juste cause.*

après le mariage. Dans ce texte, il ne s'agit que d'une permission, accordée désormais par Justin à l'époux, de faire à son conjoint une donation *propter nuptias*, quand il y aurait eu augmentation de la dot. Mais, l'augmentation de dot a toujours été permise par les jurisconsultes romains, qui ne la considéraient pas comme une donation faite au mari, mais comme un secours légitime pour l'aider à supporter les charges de la vie commune. Cependant, il faut bien convenir que, dans l'ancien droit, le mari bénéficiant de la dot, si la femme prédécédait, réalisait ainsi un véritable avantage. C'est vrai, mais cet avantage n'arrivait au mari qu'après la dissolution du mariage, c'est à dire à une époque où il ne pouvait plus être question de la prohibition de donner entre époux.

C'est pour la même raison, que la donation, *mortis causâ*, n'était pas prohibée entre époux. Et, en effet, elle ne liait pas le donateur, et ne l'appauvrissait pas, puisqu'elle ne faisait que dépouiller ses héritiers, c'est-à-dire qu'elle ne produisait son effet qu'après la mort du donateur. Les jurisconsultes Romains connaissaient pour ainsi dire deux espèces de donation à cause de mort, l'une, dans laquelle, la translation de propriété était suspendue jusqu'au décès, l'autre au contraire, dans laquelle cette translation de propriété avait lieu immédiatement, sauf révocation ultérieure. Cette seconde espèce de donation, on le comprend, était, et devait être interdite entre époux, par la même raison qui faisait prohiber, entre eux, les donations en général. *L. 11 Pr. de mort. caus. donat.* Elle n'était pourtant interdite que dans un certain sens, c'est-à-dire qu'elle ne

peuvant produire immédiatement son effet translatif de
propriété. Mais, si le donateur prédécédait le donataire,
il devenait alors très important de distinguer si la
donation, à cause de mort, avait été faite sous condition
suspensive, ou si, au contraire, elle avait été faite sous
condition résolutoire[1]. Dans ce second cas, la jurisprudence Romaine admettait un effet rétroactif très-im-
portant. *L. 40, de mort. caus. donat.* La translation de
propriété remontait au jour même où la donation avait
été faite par l'époux, ce qui conduisait à des conséquences extrêmement curieuses.

Ainsi, la femme, nous la supposons donataire, avait-
elle aliéné, du vivant de son mari, l'objet donné ; la
validité de cette aliénation était suspendue jusqu'à ce
que l'événement prononçât, et cet événement, c'était
le prédécés du mari. Valable, dans ce cas, l'aliénation
aurait été frappée d'une nullité radicale, dans le cas
inverse, c'est-à-dire si la femme avait prédécédée.
L. 11 § 9, de donat. int. vir. et ux.

Ainsi, encore, la femme avait-elle reçu, en donation,
un esclave. On sait que l'esclave, en droit Romain,
n'était qu'un instrument d'acquisition, entre les mains
du maître. Toutes les stipulations que cet esclave
avait pu faire, depuis la donation, enrichissaient soit
la femme, soit le mari, selon la distinction que nous

---

[1] Nous nous servons de cette expression par commodité de
langage : elle n'était pas connue des jurisconsultes romains.
donatio pura, disaient-ils, *quæ sub conditione resolvitur*. Les
Romains n'admettant pas que la propriété pût se transférer
pour un certain temps, envisageaient cette donation comme un
acte pur et simple, dont la résolution se trouvait être l'effet d'une
condition suspensive.

avons indiquée plus haut. *L. 16, de don. int. vir. et ux.*, *L. 76 de hered. instit.*

On voit qu'il importe de distinguer entre les deux espèces de donation à cause de mort, même dans les relations entre époux. Ainsi, la femme donataire, en vertu de la première donation, n'aurait jamais pu faire une aliénation valable de l'objet donné; le prédécès du mari n'aurait pu confirmer une pareille donation. Elle n'aurait également jamais pu acquérir par l'entremise de l'esclave donné ; au contraire nous venons de voir qu'elle le peut, dans une certaine éventualité, si elle est donataire en vertu de la seconde donation.

Dans ce cas, elle profiterait encore du part de l'*ancilla* qui lui aurait été donnée.

Par un juste retour, cette rétroactivité pouvait se retourner contre le donataire. Ex : Le donateur a acquis, depuis la tradition par lui faite, quelque servitude au profit du fond donné. Cette servitude se trouvant constituée au profit du *non Dominus*, sera non avenue.

Autre exemple : La femme donataire était *filia familias*, au moment de la tradition. Bien qu'elle soit devenue *sui juris*, quand la mort du donateur a confirmé la donation, la propriété, par l'effet de la rétroactivité, n'en aura pas moins été acquise au *pater familias*, sous la puissance duquel elle se trouvait à l'origine.

Cette rétroactivité constituait une exception spéciale aux donations, à cause de mort, entre époux [1].

[1] Et même cette exception ne s'appliquait qu'aux donations à cause de mort, faites sous condition résolutoire.

Dans tous les autres cas, la tradition conditionnelle n'entraînait pas un effet rétroactif, en supposant la condition réalisée. En un mot, la propriété de l'aliénateur ne disparaissait pas. Remarquons cependant que ce serait une très grave erreur d'en conclure que l'acquéreur devait, en conséquence, se trouver lié, malgré l'événement de la condition, par les droits réels que l'aliénateur aurait pu constituer sur la chose, avant que la condition ne se fût réalisée. Non, ces droits tombaient ; ils tombaient pour l'avenir, non pas en vertu d'un effet rétroactif quelconque, mais, en vertu de ce principe doctrinal que : « *Nemo plus juris in alium transferre potest quam ipse habet.* »

La preuve que les jurisconsultes romains repoussaient toute rétroactivité véritable, nous la trouvons dans plusieurs textes. C'est ainsi qu'Ulpien, dans la loi 11 *princip.*, supposant une donation à cause de mort, sous condition suspensive, faite entre époux, nous dit que la propriété de la chose passe à l'acquéreur, seulement à l'arrivée de la condition, et que, dans le temps intermédiaire, la propriété reste entre les mains du donateur : « *Sed interim res non statim fiunt ejus, cui donatæ sunt, sed tunc demum, cum mors insecuta est: medio igitur tempore, dominium remanet apud eum, qui donavit.* »

Ensuite, le jurisconsulte tire les conséquences de cette non rétroactivité, en nous disant que, dans le cas où la femme aurait aliéné ce qu'elle avait reçu de son mari, en vertu d'une donation à cause de mort, cette aliénation ne vaudrait rien, comme portant sur une chose dont la propriété n'a pu lui appartenir, avant la mort. *L.* 11, § 9.

Il faut en conclure également que les droits réels actifs, acquis au profit de la chose, *pendente conditione*, par l'aliénateur, seront maintenus au profit de l'acquéreur ; que, s'il s'agit d'un esclave, les acquisitions qu'il aura pu faire, du moins, en dehors de celles qui rentrent dans la jouissance, demeureront à l'aliénateur, et qu'il en sera de même du part de la femme esclave, né avant la réalisation de la condition.

Autre conséquence : Si nous supposons que le donataire est, *alieni juris*, au moment de la tradition, par exemple, c'est une *filia familias* ou un *filius familias*, comme le prévoit la loi 11, § 3 et § 4, pourvu qu'il soit *sui juris*, au moment de l'événement de la condition, il profitera de la chose donnée, et non le *pater familias*, sous la puissance duquel il se trouvait, au moment de la tradition. Nous trouvons encore deux autres applications de la même idée dans le § 5 et le § 6, de la même loi.

Du reste, nous croyons que la rétroactivité ne résulte jamais de la tradition conditionnelle [1], excepté dans le cas de donation à cause de mort, entre époux, sous condition résolutoire, comme nous l'avons dit plus haut. Nous croyons que, dans tous les cas, et non pas seulement, dans le cas de donation à cause de mort sous condition suspensive, la rétroactivité ne résulte jamais de la tradition conditionnelle ; que c'est

[1] Il en est de même, dans le cas de legs conditionnel soit *per damnationem*, soit *per vindicationem*, il n'y a jamais rétroactivité.

à une différence extrêmement remarquable entre les effets de la condition, dans les contrats, et ceux qu'elle produit, dans la tradition ; ainsi, par exemple, que, si une tradition a été faite à un esclave, sous condition suspensive, et que cet esclave ait reçu la liberté, *ante eventum conditionis*, c'est lui qui acquerra la propriété, parce que c'est à l'événement de la condition, et non au temps de la tradition qu'on devra apprécier la situation de l'*accipiens*, pour décider s'il a acquis pour lui-même, ou pour son *pater familias*.

Étaient encore permises entre époux, les donations *divortii causâ*, les donations *exilii causâ*.

Les donations *divortii causâ* : ceci n'est pas, à proprement parler, de même que la prétendue dérogation relative aux donations *mortis causa*, une véritable dérogation, puisque la donation ne doit produire son effet, qu'après la dissolution du mariage.

Mais, une donation *divortii causâ*, n'est-ce pas quelque chose de très-bizarre? Non, une pareille donation se comprend parfaitement dans le cas où, le mariage n'a pris fin que par des raisons de santé, ou de vieillesse, ou pour cause de service militaire, ou parce que la femme était stérile, comme nous le rapporte L. 60. § 11, 61, 62. p. 7. Dig.. On le voit, le divorce ne suppose pas toujours nécessairement des inimitiés et des haines entre époux. On comprend donc que deux époux puissent vouloir, en se séparant, se laisser des témoignages réciproques d'affection.

Le divorce doit être sérieux. On pouvait craindre

en effet que les époux ne divorçâssent,afin de se faire une donation valable, et puis, ensuite, une fois la donation faite, qu'ils ne reprissent les anciens liens qu'ils avaient rompus. Toutes les fois que cette intention cachée se révèlera, la donation sera annulée. *L.* 64. *L.* 12. *Dig.*

Les donations *exilii causâ*, *L.* 43. *Dig*. La peine de l'exil privant le condamné de la cité Romaine, entraînait la dissolution de son mariage, non pas celle du mariage naturel consacré par le *Jus gentium*, lequel continuait, si l'époux innocent consentait à le prolonger, *L.* 1. *Cod. de repud.*, mais celle du mariage civil. Il devenait donc permis à ces anciens époux, ou plutôt à ces époux, d'après le droit naturel, de se faire des donations. Que cette donation soit faite par le conjoint de l'époux frappé à celui-ci, on le comprend sans peine ; elle est opportune, et, ensuite, ce conjoint est resté en possession de tout son patrimoine. Mais, comment expliquer qu'une donation soit faite précisément par l'époux exilé à son conjoint. La confiscation ne lui a-t-elle pas retiré tous ses biens? A cet égard, deux systèmes ont été proposés :

1er *Système* : Cette donation n'est possible qu'autant que le prince aura fait remise de la confiscation au condamné.

2° *Système* : L'époux doit être préféré au fisc, si on lui fait une donation. Ce second système soutenu par Pothier, s'appuie sur un passage d'Ulpien, duquel il résulte que la donation, à cause de mort, faite par un époux à son époux, ne sera pas révoquée par la déportation qui atteint cet époux. *L.* 3, § 1. Ce système serait très-sérieux, et nous exposerait véritablement le droit classique, si malheureusement nous ne possédions pas, au Code, une constitution de Constantin, L. 24 *de donat. int. vir. et ux.*, déclarant que les donations, à cause de mort, entre conjoints, ne seront pas atteintes par la déportation subie par le donateur. N'est-il pas à craindre, dès lors, que Tribonien n'ait modifié le passage d'Ulpien, pour le faire cadrer avec le nouvel état du droit, depuis Constantin. Telles sont les raisons qui nous font préférer le premier système.

Les donations ne sont prohibées qu'entre époux. Par conséquent, si le mariage est nul, il semble bien que la donation doit valoir.

Par exemple, L. 3, § 1, c'est la fille d'un sénateur qui a épousé un affranchi ; c'est un fonctionnaire Romain qui a voulu épouser une femme appartenant à la province, où il exerce ses fonctions, *ubi meret* ; nous le répétons, la condition du mariage faisant défaut, il semble qu'il n'y a pas lieu à appliquer la nullité des donations. Mais, c'eut été une bizarrerie trop étrange que de favoriser ainsi, en maintenant la donation, ceux qui avaient violé la loi ; comme les contrevenants ne devaient tirer aucun avantage de leur faute, le donataire était considéré comme indigne, et les biens, au lieu de revenir au donateur, étaient recueillis par le fisc. L. 32, § 28 *h. t.*, et L. 2 § 1 *de his quæ ut indign. Dig.*

Cependant, cette sévérité de la législation fléchissait, en faveur de certaines personnes, soit que leur âge les rendît excusables, soit que la prohibition eût été portée précisément, en leur faveur. Aussi, la loi 7 *de don. int. vir. et ux. Cod.*, nous dit-elle que, si l'ex-pupille a épousé le fils de son tuteur, sans que le mariage ait été autorisé par le père, et qu'elle lui ait fait une donation, ce ne sera pas le fisc qui viendra recueillir les biens perdus par le donataire ; non, ce sera l'ex-pupille, elle-même, qui viendra reprendre les biens, au moyen d'une action utile, sans doute d'une revendication.

L'un des époux pouvait valablement acquérir de son conjoint, par donation, la possession d'une chose, laquelle possession étant chose de fait, ne peut être infirmée par le droit civil : « Quoniam res facti jure civili infirmari non potest. » D'ailleurs, pourquoi refuser à cet époux la possession, puisque son conjoint, en manifestant l'intention d'abandonner la possession, a effectivement perdu cette possession. Cela ne lui nuit donc en rien. C'est ce que le jurisconsulte Paul exprime parfaitement dans la loi 1 § 4 *Dig., de adq. possess* : « Si vir uxori cedat possessiones, donationis causâ, plerique putant possidere eam : quoniam res facti infirmari jure civili non potest. Et quid attinet dicere, non possidere mulierem, cùm maritus, ubi noluit possidere, protinus amiserit possessionem. »

C'est en vain qu'on oppose à ce système la loi **46**, qui semble proscrire, entre époux, toute donation de la possession : « Inter virum et uxorem, nec possessionis ulla donatio est. » Cette loi 46, d'après M. de Savigny, dont nous adoptons la manière de voir, doit s'appliquer uniquement à la *possessio civilis*. L'époux profitera donc toujours de la *possessio* qu'il acquerra de son propre chef. Au contraire, il n'aura jamais le droit d'invoquer, pour l'*accessio possessionis*, la *possessio civilis* acquise à son conjoint, soit qu'il s'agisse d'usucaper, soit qu'il s'agisse d'être *potior adversario*, dans l'interdit *Utrubi*. Remarquons aussi que le conjoint possédait, *pro possessore*, et non *pro donato*. L. 13, § 1, *de hered. instit* [1].

L'Empereur et l'Impératrice étant placés par la majesté Impériale, contrairement aux premiers principes d'équité et de justice, au-dessus des lois, *legibus oluti*, peuvent librement se faire toute espèce de donation.

« Donationes quas Divus Imperator in piissimam reginam, suam conjugem, vel illa in serenissimum maritum contulerit, illico valere sancimus, et plenissimam habere firmitatem. »

SECTION TROISIÈME

Effets de la prohibition de déposer.

Une nullité radicale, absolue, frappant la donation prohibée, telle était la conséquence de la contravention qu'on aurait voulu faire au principe interdisant les donations entre époux. Nullité de la tradition, si la chose avait été livrée; nullité de la stipulation, si la donation avait revêtu la forme d'une simple promesse; nullité de l'acceptilation, si la donation avait revêtu la forme d'une libération de dette, dont le do-

---

[1] En effet, la possession du donataire était une possession nouvelle, qui ne s'appuyait que sur la détention de la chose, et qui n'empruntait aucune force à la donation.

nataire était tenu envers le donateur ; nullité des libéralités indirectes, par lesquelles on se serait efforcé de
violer l'esprit de la loi, en respectant son texte.
Chacune de ces nullités appellera successivement
notre attention.

La donation a été suivie de tradition ; elle est nulle.
Quelles seront les ressources du donateur ? Il pourra
revendiquer sa chose, loi 36 *Pr*. Cette chose demeu-
rera toujours à ses risques et périls, se détériorant
pour lui, ou augmentant de valeur pour lui, *L.*
28 *Pr.*.

Si la chose donnée est un terrain, et que le donataire ait construit sur ce terrain, il pourra réclamer le
montant de ses dépenses, comme le constructeur de
bonne foi. Si la chose donnée consiste dans des maté-
riaux, qui ont été employés à une construction par le
donataire, la revendication et l'action *ad exhibendum*
sont fermées au donateur par la loi des xii tables.
Quelles sont donc ses ressources ? Neratius lui accordait l'action de *Tigno juncto in duplum*. Paul la lui
refusait, au contraire, le *Tignum* n'étant pas *furtivum*,
pour le borner à la revendication, lorsque la maison
serait démolie, et, dans le cas contraire, à la condic-
tion.

On sait que le défendeur qui, sur une instance en
revendication, s'obstine à refuser la restitution de la
chose, s'expose à une condamnation très-onéreuse,
puisqu'il doit payer l'estimation de cette chose, telle
qu'elle est déterminée, sous serment, par son adver-
saire. C'est ce qu'on appelle le *juramentum in litem*.
Cependant, par exception, ici on s'écartera des règles

ordinaires, et le conjoint donateur ne sera admis à
réclamer qu'une indemnité représentant exactement
la valeur de la chose. Ensuite, vis-à-vis de son conjoint, le donateur sera considéré comme un vendeur,
et, comme tel, il devra la garantie de l'éviction. C'est
une dérogation au droit commun, comme le prouve
la loi 35 § 2 *de rei vindic.*. Toutefois, le donateur ne
sera tenu que de la caution *in simplum* et non de la
caution *in duplum*.

Si les choses données n'existent plus, l'époux donateur intentera, contre son conjoint, une *condictio*,
L. 5 § 18, dont le résultat sera de faire restituer à ce
conjoint une valeur égale à ce qu'il a reçu, alors
même que l'objet acquis en remploi serait d'une
valeur plus grande, et jamais au delà de ce qui lui
reste entre les mains, au moment de la *litis contesta-
tio*. *L.* 28 § 3. *L* 29 *Pr.*. C'était s'écarter des principes généraux, d'après lesquels, une fois l'emploi
fait, on était toujours présumé s'être enrichi. *L.* 8.
Quod metus causa.

Toutefois, les intérêts de l'époux donateur n'étaient
pas abandonnés par les jurisconsultes romains, qui
n'hésitaient pas à faire fléchir, en sa faveur, un des
grands principes du droit concernant les rapports des
différents créanciers d'un débiteur entre eux.

Ils permettaient à l'époux, qui avait vu l'objet de
la donation aliéné par le donataire, et remplacé par
un autre, d'exercer sur cette nouvelle chose, en cas
d'insolvabilité de son conjoint, une revendication
utile, ce qui lui donnait un droit de préférence sur
les autres créanciers du donataire, *L* 55, et Paul jus-

tifie cette exception au droit commun, en nous disant que cette donation avait diminué le degré d'insolvabilité du donataire. La concession de cette revendication utile est confirmée par la loi unique § 5 *de rei uxor. act.* Voyez également dans la loi 28, § 4, une hypothèse singulière.

Supposons que ce soit la femme qui ait donné, et que la chose donnée n'existe plus, elle aura le choix entre deux actions, la *condictio*, et l'action *rei uxoriæ*. La *condictio*, action de droit strict, est préférable à l'action *rei uxoriæ* qui peut être paralysée, en partie, par le bénéfice de compétence. En effet, le juge de l'action *rei uxoriæ* peut s'occuper des donations qui ont été faites, pendant le mariage, aussi bien pour accroître la condamnation, au profit de la femme donatrice, que pour la diminuer, par voie de rétention, en faveur de l'époux donateur.

Les donations prohibées que les époux se font mutuellement, sont validées par l'effet de la compensation qui s'établit entre elles. Adrien, le premier, permit à l'époux actionné d'opposer, en pareil cas, à son conjoint, l'exception de dol L. 8, Pr. *de doli mali exceptione.*

La libéralité a revêtu la forme d'une stipulation ou d'une acceptilation. La stipulation est nulle, et l'acceptilation est nulle. L. 3, § 10.

Supposons la situation suivante : Un époux a deux *rei promittendi*, un étranger, *Titius*, et sa femme *Sempronia*. Il fait acceptilation avec *Sempronia*, cette acceptilation est radicalement nulle. L. 5.

Changeons un peu notre hypothèse, il fait accepti

lation avec *Titius*, celui-ci sera-t-il libéré ? La femme restera-t-elle obligée? Oui, d'après Pothier, qui se fonde sur la loi 5, § 1.

D'après M. Demangeat, ce texte d'Ulpien doit être limité au cas où aucune société n'existe entre les *rei promittendi*. Dans le cas contraire, la femme, comme· associée de Titius, peut toujours recourir contre lui par l'action *pro socio*, et il ne serait pas véritablement libéré, si l'acceptilation ne produisait pas un effet absolu. Produira-t-elle donc cet effet absolu? M. Demangeat admet l'affirmative, en s'appuyant sur la loi 5 § 2 :

« Si separari non possit, non donationem impediri , si separari possit, cætera valere, id quod donatum sit non valere. »

Les époux pouvaient chercher à tourner la loi, en se faisant des libéralités indirectes, et cela, de diverses manières :

Un époux qui veut faire une donation à son conjoint, laisse éteindre, par non usage, une servitude grevant le fond dudit conjoint. Cet abandon constitue un avantage prohibé, et Ulpien admet que cette servitude pourra, après le divorce, être l'objet d'une *condictio L.* 5, § 6.

De même, un époux laisse absoudre son conjoint, contre lequel il était en mesure d'obtenir une condamnation ; il pourra, nous dit le même jurisconsulte, répéter, par une *condictio*, le montant de ce qu'il se trouve ainsi avoir donné.

Sur cette même question des libéralités indirectes, entre époux, figure, au Digeste, un texte très-intéresressant de Nératius, *la loi* 44. Comme ce texte a provoqué des controverses de mots et de ponctuation, nous le transcrivons, en entier, pour le discuter ensuite :

« Si extraneus rem viri, ignorans ejus esse, ignoranti uxori, ac ne viro quidem sciente eam suam esse, donaverit, mulier recte eam usucapiet. Idemque juris erit, si is, qui in potestate viri erat, credens se patrem familias esse, uxori patris donaverit. Sed si vir rescierit suam rem esse, priusquam usucapiatur, vindicareque eam poterit, nec volet, et hoc et mulier noverit: interrumpetur possessio, quia transiit in causam ab eo factæ donationis ipsius mulieris scientia. Proprius est ut nullum adquisitioni dominii ejus adferat impedimentum : Non enim omnimodo uxores ex bonis virorum, sed ex causâ donationis ab ipsis factæ adquirere prohibitæ sunt. »

La première hypothèse que prévoit Nératius est celle-ci :

Un tiers a remis, entre les mains d'une femme mariée, une chose appartenant à son mari. Le mari ignore que cette chose lui appartient. L'étranger et la femme l'ignorent également. L'usucapion de cette chose est parfaitement possible, et s'accomplira au profit de la femme.

Nératius prévoit une seconde hypothèse : Le mari et la femme connaissent la vérité. Ils s'entendent pour laisser l'usucapion s'accomplir: « Interrumpetur possessio quia transiit in causam ab eo factæ donationis. » La partie du texte, dans laquelle se trouve prévue cette seconde hypothèse, est très obscure, et même contradictoire, si on ne change pas la ponctuation des manuscrits du Digeste. En effet, Nératius nous dirait d'une part, que la possession est interrompue, et il ajouterait immédiatement après : « Mieux vaut dire que l'acquisition de la propriété ne rencontre aucun obstacle. Mais si, arrêtant la proposition, par un point, au mot « *donationis* », nous commençons une nouvelle phrase à ces mots: *«ipsius mulieris scientia»*, la rédaction du texte s'éclaire, et nous entrons, avec Nératius, dans la troisième hyppothèse, celle dans laquelle la femme connaît la vérité, tandis que le mari l'ignore: « ipsius mulieris scientia proprius est ut nullum adquisitioni afferat impedimentum. » Et, cette *scientia* ne fait aucun obstable à l'usucapion, d'après cette règle bien connue que la survenance de la mauvaise foi n'arrête pas, en droit Romain, le cours de l'usucapion commencée.

On propose aussi une autre correction dans la ponctuation, c'est de mettre un point d'interrogation après les mots, *ipsius mulieris scientia ;* ce qui présenterait, sous la forme d'un doute et d'une objection, la phrase dans laquelle Nératius nous dit que l'usucapion est entravée, et ce qui lui permettrait, dès lors, de se prononcer, sans contradiction, en faveur du maintien de l'usucapion commencée. Mais, comme le fait parfaitement observer M. Machelard, cette solution est peu satisfaisante, en ce qu'elle ne cadre pas avec les principes qui voient une donation, dans le fait du mari, quand il laisse éteindre une servitude par le non usage, ou qu'il laisse absoudre sa femme, contre laquelle il pourrait obtenir une condamnation. Et puis, Nératius diminuerait singulièrement la force de l'objection qu'il présente, en ne parlant que de la *scientia mulieris*. Car, c'est la connaissance acquise par le mari, et, non celle de la femme qui implique une donation.

Une quatrième hypothèse, qui peut encore se présenter, n'a pas été prévue par Nératius : Le mari seul connaît sa propriété, la femme l'ignore, et le mari ne revendique pas. Nous croyons que l'usucapion continuera son cours au profit de la femme, si le mari ne l'interrompt pas, mais que la femme alors sera soumise à une *condictio*, pour restituer ce dont elle s'est enrichie. Nous raisonnerons par analogie de ce que les jurisconsultes Romains décidaient, relativement à l'extinction calculée d'une servitude par le non usage ; par analogie de ce qu'ils décidaient, relativement à une condamnation volontaire et officieuse de l'un des époux, pour avantager son conjoint. Et nous ferons remarquer que l'époux aliène, alors qu'il permet, en connaissance de cause, à une usucapion de s'accomplir contre lui. Nous ne nous laisserons pas toucher, non plus, par cette considération que Nératius, dans la seconde hypothèse, fait scrupuleusement observer que la femme est instruite de l'état des choses, ce qui semble indiquer que le jurisconsulte arriverait à une solution inverse, à défaut de cette condition, parce que le jurisconsulte suppose, dans l'hypothèse qu'il traite, une interruption de l'usucapion, au moyen d'une fiction de tradition, ce qui implique nécessairement le concours de volonté des parties. *Paul*. L. 28 *Pr.*, *de verb. signific.*

Les libéralités indirectes étaient un moyen pour les

parties de tourner la loi ; les libéralités déguisées en
étaient un autre ; ainsi, un contrat de vente pouvait
cacher une donation ; cependant, les jurisconsultes
Romains n'étaient pas allés, comme l'a fait notre législateur, jusqu'à proscrire le contrat de vente entre
conjoints. Et même, pourvu qu'il n'y eût pas fraude,
comme c'est une conséquence aléatoire du contrat de
vente, la chose pouvait être vendue au-dessous de sa
valeur. Mais, si le contrat de vente n'était qu'un voile,
un prétexte à donation, il tombait entièrement, ou en
partie, suivant certaines distinctions.

D'abord, écartons l'hypothèse où la vente n'existe
que de nom, où aucun prix ne doit être payé. La
fixation d'un prix étant une condition essentielle de la
vente, on comprend que cette vente est radicalement
nulle. Elle le serait entre personnes étrangères,
elle l'est entre conjoints. *L.* 38, *de contrah. empt.*

Mais, en dehors de cette hypothèse, ne faut-il pas
distinguer entre le cas où l'époux avait l'intention de
vendre ; seulement, en prenant pour acheteur son
conjoint, il l'a favorisé, en lui livrant la chose à des
conditions meilleures que celles qu'il aurait faites à
un tiers ; et le cas où cet époux n'avait nullement
l'intention de vendre, et ne s'est déterminé à le faire
que pour avantager son conjoint, en lui abandonnant
sa chose pour un prix insuffisant. Il résulte d'un
texte d'Ulpien, *L.* 5, § 5, que Julien était d'avis d'annuler absolument toute vente faite, entre époux, au-
dessous de la valeur de la chose, et que Nératius, au
contraire, suivi à cet égard par Pomponius, ne déclarait la vente nulle que dans le second cas, en mainte-

nant la vente, dans le premier, sauf le droit, pour le donateur, d'exiger la portion du prix dont la remise aurait eu lieu, dans un but de donation.

Un autre contrat à titre onéreux, le contrat de société, pourrait aussi servir de masque, pour dissimuler une donation entre époux. Ce contrat de société, *donationis causâ*, sera radicalement nul entre époux, comme il le serait entre étrangers. Cependant, s'il y a eu partage, et que l'époux donateur soit prédécédé, Ulpien nous dit qu'on appliquera, à cet état de choses, le bénéfice du sénatus-consulte d'Antonin Caracalla, dont nous nous occuperons dans un chapitre spécial. *L*. 32, ? 24.

Un troisième moyen de faire brèche aux dispositions de la loi qui prohibaient les donations entre époux, était de recourir à une interposition de personnes.

Ex : *Titius*, mari de *Sempronia*, ordonne à son débiteur de payer, entre les mains de sa femme, la somme qu'il lui doit. Ce débiteur est-il libéré en payant ainsi ? Non, nous dit Africain, dans la loi 38, ? 1, *de solut.*, ce débiteur reste obligé envers le mari ; seulement, s'il est disposé à lui faire cession de la *condictio* qu'il a contre la femme, il pourra repousser ses poursuites par une exception de dol. Au contraire, Ulpien et Celse voient dans notre espèce deux actes distincts : La propriété d'abord transmise par le débiteur au mari, est ensuite transférée, *donationis causâ*, par le mari à sa femme. Le premier acte est parfaitement valable ; le débiteur se trouve libéré, parce que le mari devient propriétaire des écus donnés en paiement. Le second acte est nul, car la prohibition met obstacle à l'acquisition des écus par la femme. *L.* 3, § 12.

De même Julien, dans une hypothèse analogue, celle où le mari aurait chargé un donateur, qui veut lui donner entre vifs ou à cause de mort, de faire tradition à sa femme, décide que ce mari est censé avoir reçu, puis avoir livré à la femme. *V. L.* 3, § 13, et *L.* 4. Voyez également, comme continuation et application de ces deux points de vue différents, *L.* 18 *in fine, de solut., L.* 34, *pro mandat., L.* 18 *de reb. cred.*

SECTION QUATRIÈME

De l'influence des lois caducaires sur les donations entre époux.

Si les donations, en principe, étaient défendues entre époux, nous avons vu que les libéralités testamentaires, et les donations à cause de mort leur étaient permises. Il devient donc intéressant de déterminer dans quelle mesure ils pouvaient se faire de pareilles donations.

On sait quel est le droit commun, d'après les lois *Julia* et *Pappia.* Le citoyen, qui a un enfant, jouit de la *solidi capacitas.* La femme, qui a mis au monde trois ou quatre enfants, jouit de la même capacité.

Voyons quelle était, si nous pouvons nous exprimer ainsi, la quotité disponible spéciale entre époux. S'il existe un enfant commun, quel que soit son âge ou son sexe, les deux époux sont pleinement capables.

La femme, on le voit, était mieux traitée, par rapport à la succession de son mari, que par rapport à celle d'un étranger, puisqu'un seul enfant suffisait, pour lui permettre de tout prendre. Si l'enfant commun était mort, avant sa puberté, les deux époux n'en jouissaient pas moins de la *solidi capacitas*, d'une manière temporaire, c'est-à-dire, tant que le décès ne remontait pas à un an et demi. Lorsque ce n'était qu'après avoir atteint la puberté que l'enfant commun était mort, la *solidi capacitas* restait acquise irrévocablement. On sait que, d'après le système qui avait prévalu, la puberté était fixée à quatorze ans pour les hommes, douze ans pour les femmes. Supposons que les époux aient perdu deux enfants qui avaient atteint trois ans accomplis, ou trois enfants qui avaient dépassé le *nominum diem*, c'est-à-dire le jour où les noms étaient donnés, la *solidi capacitas* sera encore maintenue, bien que les enfants soient morts étant impubères. Enfin, la *solidi capacitas* était encore conservée à la femme, si, dans les dix mois, à partir du décès de son mari, elle accouchait des œuvres de celui-ci.

La *solidi capacitas*, entre époux, pouvait encore se rattacher aux causes générales d'exemption, telles que l'âge des conjoints, leur qualité de cognats, l'absence du mari, l'obtention du *jus liberorum*.

Supposons, maintenant, des époux dont le mariage est demeuré stérile ; la *libera testamenti factio* sera plus ou moins large, suivant que ces époux n'auront pas ou auront des enfants issus d'un précédent mariage.

Première hypothèse : Le *maximum* de ce qu'un

époux pourra laisser à son conjoint, en toute propriété, sera du dixième de sa fortune. Le conjoint
qui décédait pouvait, en outre, laisser au survivant le
tiers de ses biens, en usufruit, avec expectative de la
pleine propriété, si plus tard le survivant avait des
enfants d'un mariage postérieur. En outre, la dot de
la femme pouvait lui être léguée, ce qui lui permettait d'obtenir une restitution plus prompte et plus
utile que si elle avait été réduite à l'exercice de l'action *rei uxoriæ*.

Deuxième hypothèse : La capacité de l'époux sera
augmentée d'autant de dixièmes qu'il aura d'enfants
issus d'un autre mariage et vivants encore. Ainsi, le
nombre de neuf enfants donnait droit à la *solidi capacitas*. C'est même, de cette circonstance, que les lois
Julia et *Pappia*, appliquées à notre matière, ont pris le
nom de *leges decimariæ*.

Remarquons que l'esprit des lois décimaires n'était
nullement de protéger les héritiers naturels contre
les abus d'influence qu'un époux pouvait exercer sur
son époux. Le législateur avait obéi à une pensée toute
différente, celle d'encourager la fondation de familles
nombreuses, et de porter ainsi un terme à la honteuse stérilité du mariage romain qui laissait vides les
rangs d'une population cruellement diminuée par les
malheurs de la guerre civile. *L. 6, Cod. de sec. nup.*
Ce n'est que plus tard, en 469, que Léon et Anthémius devancèrent le législateur moderne, en limitant
la capacité entre époux, dans un intérêt de protection
pour les enfants de premier lit. Constantin parle aussi
d'abus d'influence, dans une de ses constitutions.

Les *leges decimariæ* survécurent aux lois *Julia* et *Pappia*, ou plutôt, pour être plus exact, puisque les lois décimaires et les lois *Julia* et *Pappia* ne formaient qu'une seule et même loi, cette partie des lois *Julia* et *Pappia* qui concernait les époux, survécut aux autres dispositions abrogées par l'empereur Constantin. Ces restrictions furent maintenues sous l'empire de cette pensée que des abus d'influence étaient à craindre entre époux. C'est ce que dit, en toutes lettres, la constitution de Constantin. « Verum hujus beneficii maritis et uxoribus inter se usurpatio non patebit quorum fallaces plerumque blanditiæ, vix etiam opposito juris rigore, cohibentur ; sed maneat inter istas personas legum prisca auctoritas. »

Ce remède contre la captation était insuffisant, puisque l'existence d'enfants communs le faisait disparaître. Ce furent Honorius et Théodose qui, par la *loi 2, liv.* viii, *t.* xvii, au Code Théodosien, reproduite par la *loi 2, l.* viii, *t.* lviii, au Code de Justinien, abrogèrent cette partie de la législation caducaire.

CHAPITRE DEUXIÈME

Législation postérieure au sénatus-consulte d'Antonin Caracalla.

Ce sénatus-consulte inaugure une période nouvelle et parfaitement tranchée dans la matière des donations entre époux. Jusque là, et, sauf les exceptions que nous avons mentionnées, les donations entre vifs, quelle qu'eût été d'ailleurs la persistance de volonté du donateur, eût-elle duré pendant toute sa vie, demeuraient frappées de nullité. Et cependant, pourquoi ne pas agir avec les donations entre vifs confirmées par une volonté continue du donateur, quoique tacite, comme avec les dispositions testamentaires. Une donation entre vifs, si elle est confirmée expressément dans un testament, vaudra, parce qu'elle a reçu de cette confirmation expresse le caractère de libéralité testamentaire. Si la confirmation, au lieu d'être expresse est tacite, si elle résulte du silence du donateur qui est mort sans avoir révoqué, pourquoi ne vaudrait-elle pas également?

C'est à cet état de choses que vint remédier un sénatus-consulte de l'an 206 après Jésus-Christ, et 959 de la fondation de Rome. La donation entre vifs devenait valable, si le donateur était mort, sans l'avoir révoquée. C'est ce qui était exprimé ainsi dans l'*Oratio.*

« Fas esse, cum quidem, qui donavit, pœnitere : heredem vero eripere, forsitan adversus voluntatem supremam ejus, qui donaverit, durum et avarum esse. » *L.* 32 § 2.

Depuis cette époque les donations entre vifs assimilées aux anciennes donations *mortis causa* furent permises entre époux, sous la double réserve de la révocabilité et de la caducité par suite du prédécès du donataire.

Plusieurs auteurs, Duaren, Wæt, Puchta ont prétendu que deux sénatus-consultes furent rendus successivement sur la matière qui nous occupe, l'un sous le règne de Sévère, l'autre sous le règne de Caracalla.

Le premier aurait eu pour objet de valider les *dona-tiones rerum*, le second aurait étendu le premier à tou-tes les donations sans distinction. Il est bien vrai que certains textes, *L. 23 de don. int. L. 10. Cod., frag. Vatic.* § 276., attribuent le sénatus-consulte à Sévère seul, qui était alors chef de l'empire, tandis que d'autres ne parlent que de Caracalla, *L. 3 Tr. L. 32 Pr. et* § 1. *de don. int.* Mais, ces textes sont faciles à concilier entre eux, d'après les renseignements donnés par Ulpien qui nous présente notre sénatus-consulte comme ayant été rendu sur la proposition d'Antonin Caracalla, du vivant de son père Septime Sévère, avec lequel il partageait alors le trône. Nous avons aussi plusieurs textes qui associent le nom des deux empereurs, à propos du même sénatus-consulte. Nous verrons plus tard que cette controverse est importante pour la solution d'une grande question controversée.

A partir de ce sénatus-consulte, toutes les per-sonnes antérieurement atteintes par la prohibition, de-viendront capables de donner dans les termes requis. Ainsi un beau père pourra donner désormais à son gendre ou à sa bru, et réciproquement. Deux beaux pères ayant les conjoints sous leur puissance pourront aussi se faire des libéralités. Dans ces hypothèses, les jurisconsultes exigeaient, pour la confirmation de la donation, le prédécès du donateur et celui de l'époux qui était sous sa puissance. *L. 32.* § 16.

Il semble résulter de la lettre du sénatus-consulte, *heredem vero eripere, durum et avarum esse*, qu'il ne s'applique qu'aux donations exécutées et ne concerne

nullement les donations par promesse. Et en effet, telle
est l'interprétation de Papinien qui consacre d'une
manière bien positive une distinction entre les *rerum
donationes* et les donations par simple promesse. Cette
interprétation nous est rapportée dans un texte d'Ulpien ; elle est même approuvée par lui :

« Papinianus recte putabat orationem divi Severi
ad rerum donationem pertinere ; denique si stipulanti
spopondisset uxori suæ, non putabat conveniri posse
heredem mariti, licet durante voluntate maritus
decesserit. » L. 23. *de don. int.*

Et cependant le même Ulpien nous dit dans un
autre texte que le sénatus-consulte s'applique à toutes
les donations indistinctement.

« Oratio pertinet.... ad omnes donationes inter
virum et uxorem factas. » *L.* 32, § 1, *de don. int. ;*
voyez également *L.* 32, § 23, *et* 33 *Pr.*, § 2.

On a essayé plusieurs conciliations entre ces textes
contradictoires.

Premier système : Il se base sur l'opinion déjà com-
battue par nous, d'après laquelle deux sénatus-consultes auraient été rendus successivement sur la même
matière. Papinien raisonnerait sur le sénatus consulte
de Sévère qui s'occupe exclusivement des *donationes
rerum*, tandis que les lois 32 et 33 se référeraient,
au contraire, au sénatus-consulte de Caracalla, qui,
postérieurement, a généralisé le premier sénatus-consulte, en l'étendant à toutes les donations sans distinguer. Le fragment qui forme la loi 23 aurait été écrit
dans l'intervalle des deux sénatus-consultes, alors que
les *donationes rerum* étaient seules permises. C'est

ainsi qu'on fait disparaître la contradiction. Nous avons réfuté par avance ce premier système, en prouvant que ces deux prétendus sénatus-consultes n'étaient en réalité qu'un seul et même sénatus-consulte.

Deuxième système : Il reconnaît qu'un seul sénatus-consulte a été rendu, mais il soutient que ce sénatus-consulte s'applique exclusivement aux donations suivies d'exécution. D'après ce système, les donations par simple promesse sont écartées ; le sénatus-consulte ne s'y applique pas. Les partisans de ce système le rattachent aux dispositions de la loi *Cincia,* d'après laquelle, la donation accomplie était irrévocable, tandis que le donateur, dans le cas où il avait simplement promis, *donationis causâ,* ne se trouvait pas lié, ou pouvait du moins paralyser l'action du donataire, au moyen de l'exception *legis Cinciœ. Frag. de vatic.* § 310 311. Mais, aucune analogie n'existe entre les deux cas, puisque les héritiers du donateur, d'après la loi *Cincia* ne pouvaient invoquer le bénéfice qu'elle décrétait, *morte Cincia removetur,* et n'étaient protégés par aucune exception ; tandis que, d'après les auteurs du deuxième système, les héritiers du donateur seront au contraire protégés contre l'action du donataire, le sénatus-consulte ne s'appliquant pas dans l'espèce. Ce système trouve son meilleur argument dans la loi 23 de Papinien que nous avons transcrite plus haut, La valeur de cet argument sera bientôt examinée par nous.

Troisième système : Le sénatus-consulte de Caracalla s'applique aussi bien aux donations par promesse qu'aux *donationes rerum.* Ce dernier système nous paraît devoir être adopté par les raisons suivantes :

Ulpien expose, dans plusieurs textes, la généralité d'application du sénatus-consulte. C'est d'abord la loi 32 § 1er où nous lisons :

« Oratio autem Imperatoris nostri de confirmandis donationibus, non solum ad ea pertinet quæ, nomine uxoris a viro comparata sunt, sed ad omnes donationes inter virum et uxorem factas : ut et ipso jure res fiant ejus cui donatæ sunt, et obligatio sit civilis. »

Ne résulte-t-il pas de l'ensemble de ce texte, de ces mots, « *non solum ad ea pertinet quæ, nomine uxoris a viro comparata sunt* » opposés à ceux-ci : « *sed ad omnes donationes inter virum et uxorem factas,* » et de ces autres mots qui contiennent le développement de la phrase précédente : « *Ut et ipso jure res fiant ejus cui donatæ sunt,* » opposés à ceux-ci : « *Et obligatio sit civilis ;* » ne résulte-t-il pas, disons-nous, de l'économie d'un semblable texte que très-évidemment le jurisconsulte, après avoir fait allusion aux donations exécutées, se réfère ensuite aux simples donations par promesse. Dans le système contraire au nôtre, ces mots : « *Et obligatio sit civilis,* » ne reçoivent aucune explication satisfaisante. Parmi les partisans de ce système, les uns entendent ces mots comme désignant une acceptilation ; il faut convenir que l'expression serait bizarre. Les autres, comme s'appliquant à une cession de créance par délégation : l'un des époux aurait cédé à l'autre, au moyen de la *procuratio in rem suam,* la créance qu'il avait contre un tiers. Mais comment supposer qu'Ulpien puisse faire entrer une hypothèse aussi compliquée dans une formule aussi étroite. Enfin les autres découvrent, sous cette expression, la promesse de garantir le stipulant de l'éviction.

C'est ensuite le § 23 de la même loi 32 qui porte :

« Sive autem res fuit, quæ donata est, sive obligatio remissa : potest dici donationem effectum habituram. Utputa uxori acceptum tulit, donationis causâ, quod debeat... et generaliter universæ donationes quas impediri diximus ex oratione valebunt. »

On le voit, il est impossible de se servir d'une expression plus générale que celle employée par Ulpien : « *Et generaliter universæ donationes.* » L'acceptilation n'est indiquée ici que comme exemple.

C'est enfin la loi 33 *Pr. et* § 2 :

« Si stipulata fuerit mulier annuum, id ex stipulatu petere constante matrimonio non potest. Sed si, manente matrimonio, decessisse maritus proponatur, puto, quia in annuo quoque donatio vertitur, posse dici stipulationem confirmari ex senatus-consulto. »

C'est une exemption spéciale, disent nos adversaires, qui ne trouvent pas d'autre moyen d'échapper à la lettre pressante de ce texte [1].

Notre interprétation est également confirmée par une constitution de l'empereur Alexandre Sévère, la loi 2, au Code, *de dote cautâ*, sous lequel vivait le jurisconsulte Ulpien. Il s'agit dans cette constitution,

---

[1] Quelques interprètes, entre autres Pothier, restreignent arbitrairement la décision de notre loi aux annuités échues et payées du vivant du donateur. Ce système est trop arbitraire pour pouvoir se soutenir.

d'une femme à laquelle son mari, pour l'avantager, a
reconnu une dot supérieure à sa dot réelle. La femme
a le droit d'actionner pour le tout les héritiers du
mari. Qu'est-ce donc si ce n'est la confirmation d'une
donation consistant en une simple promesse.

Du reste, la question que nous discutons ici se
présenta sous Justinien en présence de l'antinomie
du Digeste. L'empereur la trancha par la novelle 162, en décidant que la donation se trouverait
confirmée par le prédécès du donateur, c'est-à-dire
qu'il la trancha conformément à la doctrine que nous
avons prêtée à Ulpien. N'est-il pas dès lors légitime
de conclure que la divergence de sentiments dont
nous trouvons la trace dans le Digeste, doit être réso-
lue en ce sens.

Maintenant, nous arrivons au grand argument de
nos adversaires contre nous, celui qu'ils tirent de la
loi 23 : »

Papinianus recte putabat orationem divi Severi
ad rerum donationem pertinere. Denique si stipulanti spopondisset uxori suæ, non putabat conveniri
posse heredem mariti, licet durante voluntate maritus decesserit. »

L'argument de nos adversaires est celui-ci : Comment Ulpien, si vraiment il admet l'application du
sénatus-consulte aux simples donations par promesse,
peut-il approuver l'opinion de Papinien qui circonscrit cette application aux *Donationes rerum* Il s'expose donc ainsi lui même à un flagrant délit de contradiction.

Deux réponses ont été faites à cette objection,

l'une par M. de Savigny, l'autre par M. Machelard.

D'après M. de Savigny, Ulpien rapportait l'avis de
Papinien au sujet des *donationes rerum*, et, comme
cet avis était aussi le sien, il lui donnait son approba-
tion : « *Papinianus recte putabat.* » Sans doute, il se
séparait, au contraire, du grand jurisconsulte, relativement aux libéralités par stipulation. Mais cette
trace de divergence a été effacée par les compila-
teurs du Digeste dans le but d'harmoniser entre elles
les diverses parties de leur travail. Ensuite, ils ont
oublié leur correction, et plus tard ont reproduit fidè-
lement la propre doctrine d'Ulpien. Ainsi, on le voit,
M. de Savigny conserve les mots, *recte putabat.*

A la différence de M. de Savigny, M. Machelard
efface ces mots qu'il suppose ajoutés par les compi-
lateurs du Digeste. D'après lui, Ulpien après avoir
rapporté l'opinion de Papinien exprimait son dissen-
timent.

« Mais les rédacteurs des pandectes obéissant par
routine à l'usage ancien de donner la prépondérance à
Papinien, auront supprimé la partie critique du texte
d'Ulpien ; et en conservant celle qui mentionne l'avis
de Papinien, ils y auront intercalé le mot *recte*, qui
résolvait en conformité de la règle établie depuis
Constantin, la divergence d'opinion entre les deux
jurisconsultes. » Textes de droit Romain par M. Machelard, p. 180.

Nous ajouterons, comme dernier argument en
faveur de notre système, que la pensée constante
d'Ulpien est d'assimiler, depuis le sénatus-consulte, les

donations entre vifs qu'un époux fait à son conjoint
aux donations à cause de mort ; or, il est parfaitement
acquis que la donation *mortis causa* pouvait revêtir la
forme de la stipulation, *L. 34 et 35 § 7 de mort. caus.
donat.*, et que le stipulant pouvait, dans un cas semblable, actionner les héritiers du promettant [1].

Par suite de cette assimilation aux donations à
cause de mort, Ulpien soumettait les donations entre
époux à la réduction de la loi Falcidie. *L. 32 § 1.*
Quant aux donations exceptionnellement permises
entre époux, bien entendu qu'elles n'y sont pas soumises.

Les donations entre époux pouvaient devenir caduques par suite de différentes causes: le prédécès du
donataire, la révocation par le donateur, le divorce
avaient cet effet.

Et d'abord, le prédécès du donataire rendait
caduque la donation. C'était une conséquence de
l'assimilation de la donation entre vif, avec la donation à cause de mort. Comme cette dernière, elle ne
devait produire son effet qu'après la mort du donateur. En un mot, la donation entre-vifs faite par un
époux à son conjoint n'étant valable que si l'époux
donateur mourait sans l'avoir révoquée, avant le

---

[1] On ne saurait nous objecter qu'une obligation ne peut
commencer contre l'héritier, quand elle n'a jamais pesé sur
la tête de son auteur. Cette objection tombe devant cette
simple réflexion que le promettant se constituait débiteur
pour le moment de sa mort, c'est-à-dire pour le dernier instant de sa vie; or la législation Romaine admettait comme très-
valable ces sortes d'engagements.

donataire, si cette condition ne se trouvait pas remplie, la donation devait nécessairement tomber.

Cette règle, dont l'énonciation paraît très-simple, donnait lieu dans la pratique, à des applications difficiles et intéressantes. Il n'arrivera pas toujours que le donateur soit mort dix ans, vingt ans avant le donataire. La mort de ce dernier pourra suivre de près celle du donateur, la nouvelle pourra en être rapportée à la même date, de telle sorte qu'il sera difficile, impossible peut-être de déterminer lequel du donateur ou du donataire a prédécédé l'autre. Que décider dans un cas semblable ? Par exemple le donateur et le donataire ont trouvé, tous les deux, la mort dans le même événement ; c'est dans un même incendie, c'est dans un même naufrage que tous les deux ont péri ; et aucune trace, aucun signe matériel ne révèle l'ordre des deux décès. La donation devra-t-elle tomber, ou sera-t-elle maintenue? La difficulté est prévue par Ulpien qui se prononce en faveur du maintien de la donation, en invoquant le texte même du sénatus-consulte, ces mots, *nullius momenti, si prior vita decesserit qui donatum accepit.* Le jurisconsulte ne se dissimule pas que les auteurs du sénatus-consulte n'ont pas songé à une mort simultanée ; mais l'*oratio* subordonnant la nullité de la donation au prédécès du donataire, la donation doit être valable tant que ce prédécès n'aura pas été prouvé. Il est vrai qu'on pourrait répondre à Ulpien : Oui, ceci est parfaitement juste, appliqué aux donataires à cause de mort qui ont été mis en possession de la chose, et dont par conséquent les héritiers jouent le rôle de défendeurs. Contre les héritiers de ces donataires, c'est vrai, le prédécès du donataire doit être prouvé. Mais la situation d'un époux donataire, en vertu d'une donation entre-vifs, n'est pas analogue, tant s'en faut. Les héritiers de cet époux au lieu d'être défendeurs sont demandeurs, c'est donc à eux que la preuve incombe ; ce sont donc eux qui devraient prouver, pour réussir dans leur demande, que le donataire a survécu au donateur. Néanmoins, tous les jurisconsultes, Ulpien, Paul, Marcien, sont unanimes pour appliquer, par une interprétation bienveillante, à la donation entre époux les règles de la donation à cause de mort. L. 32, § 14, *de mort. caus. donat.*, *L.* 8, *de reb. cred.*, *L.* 26, *de mort. caus. donat.*

Passons maintenant à une autre hypothèse. Deux époux qui se sont fait donation réciproquement sont tombés au même instant en captivité. On appliquera ici la fiction de la loi *Cornelia* d'après laquelle, lorsqu'un citoyen Romain mourait en captivité, il était réputé mort au moment même où il avait été fait prisonnier. Les deux donations vaudront donc puisque les deux morts sont simultanées. *Ulpien* L. 32, § 14.

Ce serait une grave erreur de voir une contradiction entre cette décision d'Ulpien et celle qu'il donne dans l'hypothèse de la loi 32, § 6, en supposant que l'époux donateur devienne l'esclave d'un simple particulier. Les deux situations ne sont pas les mêmes. Dans ce dernier cas, la donation ne doit pas être confirmée comme si le donateur était mort avant le donataire, en vertu de cet aphorisme, *servitus morti æquiparatur.* Ulpien, d'ailleurs, prévoit lui-même l'objection. La différence est grande entre un homme qui devient esclave, en défendant son pays, et celui, au contraire, qui ne devient esclave que parce que les lois de son pays le déclarent déchu et indigne de la liberté. Au premier, la fiction de la loi Cornelia permet de mourir dans l'intégrité de ses droits. Pour le second, il ne peut être question d'une semblable faveur. La même législation était appliquée au donateur qui avait encouru l'esclavage de la peine, alors même qu'il aurait cherché dans le suicide un moyen d'échapper à la condamnation capitale qui le menaçait, L. 3 *de bonis eor. Dig.*, c'est-à-dire que toutes les donations faites par lui à son conjoint étaient frappés de nullité. A cet égard, sous Constantin, un principe nouveau s'introduisit dans la jurisprudence. Ce prince dans la loi 14 *de don. int.*, dont nous avons déjà parlé plus haut, déclara les droits de l'époux supérieurs à ceux du fisc, en confirmant, dans le cas d'esclavage de la peine, les donations que l'époux condamné aurait pu faire à son conjoint. Nous croyons d'ailleurs que c'est là une innovation et nullement la consécration d'un système déjà admis, à l'époque d'Ulpien. Nous nous fondons pour le soutenir sur les expressions mêmes de la loi : « Fisco nostro ad easdem res, nullam in *posterum* communionem habente. »

Il nous reste encore relativement à cette première cause de défaillance, une hypothèse intéressante qui nous est fournie par Ulpien dans la loi 32, § 18 :

Une belle-fille a fait une donation au père de son mari, en un mot à son beau-père, pour avantager indirectement son mari qui se trouve placé sous sa puissance. La question qui se présente est indiquée en ces

termes par le jurisconsulte : « Quod si socer ante decesserit dicemus extinctam donationem ? An, quia
maritus vivit, si uxori suæ supervixit, admittimus vim
habere donationem ? »

La question est donc de savoir si le prédécès du
beau père donataire va éteindre la donation, ou si, au
contraire, la survivance du mari ne pourra pas la soutenir ?

Le jurisconsulte résout l'hypothèse par une distinction : « Et si quidem maritus solus socero heres
extitit, quasi nova donatio potest servari in maritum
collata ; ut illa finita sit, alia cœperit : sin vero filius
heres patri non est, finita erit donatio ratione novâ. »

Ainsi le jurisconsulte distingue entre le cas où le
mari est seul héritier de son père : alors, pour ainsi
dire, une nouvelle donation prend naissance à son profit, dont la validité dépendra de la date de son décès,
et le cas où le mari n'est pas héritier du père : dans
cette dernière hypothèse, la donation est devenue caduque par cette excellente raison que ce seraient des
étrangers qui en profiteraient, s'il en était autrement.

Ensuite, le donateur peut toujours révoquer la donation. Remarquons, en passant, que notre législateur
français s'est approprié cet excellent principe du
droit Romain. La révocation n'aura pas besoin d'être
expresse. Il suffira que le changement de volonté du
testateur s'exprime clairement ; l'aliénation de la chose
donnée, le consentement d'un gage ou d'une hy-
pothèque sur cette chose, seront, entre autres faits,
des signes révélateurs d'un changement de volonté.
L. 12 Col. de don. int., L. 32 § 5. Dig. de don. int.

vir. et ux. ; le donataire serait admis à prouver que la volonté du donateur en hypothéquant la chose, n'a pas été de révoquer la donation.

Au surplus, le donateur pouvait changer plusieurs fois d'avis. Pour qu'il y eût révocation, il fallait une *pœnitentia suprema. L.* 32, § 3 *de don. int. vir. et ux.* Ulpien nous dit que la volonté est *ambulatoria usque ad vitæ supremum exitum.*

Le divorce, voilà encore une autre cause de révocation tacite. Cependant nous avons vu que certains divorces pouvaient s'expliquer parfaitement par différentes considérations, auxquelles la haine demeurait tout à fait étrangère. Nous n'avons pas besoin de rappeler les divorces pour cause de stérilité, de vieillesse, de service militaire. Aussi le donateur pourra-t-il parfaitement, s'il s'explique à cet égard, maintenir, en cas de divorce, la donation faite antérieurement. Remarquons enfin que, s'il y a eu *restauratum matrimonium,* même à la suite d'un divorce fondé sur des haines et des mésintelligences graves, cette réconciliation anéantira la présomption de révocation des libéralités, à laquelle le divorce avait donné naissance.

CHAPITRE TROISIÈME.

Des seconds mariages.

Sous l'empire des lois *Julia* et *Papia Poppea,* aucune défaveur ne s'attache aux seconds mariages qui furent, au contraire, encouragés. Toutefois, la veuve ne pouvait se remarier avant l'expiration des dix mois qui suivaient le décès de son premier mari. La violation de cette défense entraînait pour elle la note d'infamie.

Mais, dans le bas empire, les empereur chrétiens établirent, dans l'intérêt des enfants d'un premier lit, certaines incapacités contre les époux qui voulaient convoler à de secondes noces.

Gratien, Valentinien, et Théodose, après avoir porté de dix mois à un an le délai pendant lequel la veuve n'avait pas le droit de se remarier, sans encourir l'infamie, promulguèrent une célèbre constitution connue sous le nom de constitution *feminæ quæ*, L. 3 *Cod. de sec. nupt.*, dans laquelle ils déclaraient que les veuves ayant des enfants d'un premier mariage, si elles se remariaient, ne pourraient rien donner à leurs nouveaux maris des biens provenant du premier ; elles étaient tenues de les réserver aux enfants nés de leur première union, dont l'un pouvait d'ailleurs être avantagé, au détriment des autres. Elles avaient, en un mot, sur ces biens, un simple droit d'usufruit, tandis que les enfants en avaient la nue-propriété. Que si donc elles en aliénaient quelques-uns, elles étaient obligées de les remplacer avec leurs propres biens.

De même, les veuves acquéraient seulement l'usufruit des biens provenant de la succession d'un enfant du premier lit décédé depuis le convol. La nue propriété de ces biens appartenait aux frères et aux sœurs de l'enfant prédécédé. La mère ne venait à la succession de cet enfant qu'à défaut d'enfants du premier lit.

En 422, Théodose II et Honorius attribuèrent exclusivement aux enfants du second lit les biens acquis à la mère du chef du second mari.

Théodose II et Valentinien II, étendirent les dispositions de la loi, *feminæ quæ*, au veuf remarié, par la constitution *generaliter*, rendue en 444. *L. 6, de secund. nup. Cod.* De plus, les enfants du premier lit furent affranchis de la nécessité d'être héritiers de leur auteur prédécédé, pour acquérir les biens qu'il avait donnés à son conjoint. Il fut permis toutefois au parent qui se remariait de distribuer, à son gré, aux enfants de son premier mariage, les biens qu'il était tenu de leur réserver.

Justinien, dans ses novelles, priva le parent qui s'était remarié de ce droit. *Nov. 2, ch. 1er. Nov. 22, ch. 5.*

Ce n'est pas tout, les empereurs chrétiens établirent encore une véritable quotité disponible entre époux. Ainsi en 380 Théodose Ier et Valentinien défendirent à la femme veuve qui se remariait, avant l'année de viduité expirée, de donner à son nouvel époux par constitution de dot, par testament ou par donation, au-delà du tiers de ses biens.

En 467, Léon et Anthémius établirent par la constitution, *hac edictali*, que l'époux convolant à de secondes noces, s'il avait des enfants d'un précédent mariage, ne pourrait donner à son nouvel époux qu'une part d'enfant le moins prenant. *L. 6, de secund. nupt. Cod.*

La réduction avait lieu, au profit exclusif des enfants du premier lit. Quant aux enfants du second lit, ils n'en profitaient qu'autant que la libéralité portait atteinte à leur légitime. Justinien, dans la constitution *Quoniam,* partagea le bénéfice de la réduction entre les enfants du premier lit et ceux du second. Mais plus tard, il rendit la préférence aux enfants du premier lit.

Justinien vint aussi au secours de l'époux survivant obligé de vivre dans la pauvreté, tandis que son conjoint avait laissé une succession considérable. Par sa novelle 53, ch. vi, il attribua, dans cette hypothèse, au survivant le quart de la succession du prédécédé, mais en usufruit seulement, quand il y avait des enfants issus du mariage. Peu après, dans sa novelle 117, ch. v, il ne conserva plus cette institution qu'en faveur de la femme, et détruisit par cette innovation malheureuse le principe d'égalité qui doit régner entre les époux.

ANCIEN DROIT FRANÇAIS

CHAPITRE PREMIER
Législation des pays en droit écrit.

L'ancien Droit Français comprend le droit écrit et le droit coutumier. En effet, la France avant 1789 était régie par deux législations bien différentes. Au Midi le Droit Romain, au Nord les Coutumes. Les provinces du Midi s'appelaient pays de droit écrit, celles du Nord, pays de droit coutumier.

Dans les pays de droit écrit, les bases de l'association conjugale étaient le régime dotal des Romains, c'est-à-dire la conservation de la dot, la séparation du patrimoine des époux. Si le mari, qui devait pourvoir aux charges du ménage et jouissait à cet effet de la dot, augmentait sa fortune, la femme n'en profitait pas ; mais, à la mort du mari, comme il fallait que la femme survivante pût vivre honorablement, elle prenait en outre de sa dot, une partie de la fortune du mari : c'est ce qu'on appelait *l'augment de dot*. Cet augment était légal ou conventionnel. Le quantum en était proportionné à la dot qu'avait apportée la femme et variait suivant la nature de cette dot : si elle était immobilière, l'augment était ordinairement du tiers ; si elle était mobilière, de la moitié. Que s'il n'y avait pas d'enfants issus du mariage, la veuve prenait l'augment en pleine propriété ; mais s'il y avait des enfants, elle n'avait qu'un droit d'usufruit. Cependant, si elle ne se remariait pas, on lui accordait en propriété une part virile, calculée d'après le nombre des enfants.

A côté de l'augment, se trouvait le contre-augment, qui était pour le mari ce que l'augment était pour la femme : il permettait au mari de retenir une partie de la dot. Il faut lui appliquer d'ailleurs ce que nous avons dit de l'augment ; ces deux gains de survie étaient pour ainsi dire identiques.

Nous avons parlé ci-dessus de la novelle 53, relative à la quarte du conjoint pauvre. Ses dispositions furent adoptées dans les pays de droit écrit, et maintenues tant en faveur du mari qu'en faveur de la femme, contrairement à ce qui arriva dans le droit Romain. On suivit aussi, quant à la légitime des ascendants et des descendants, les principes de la novelle 18. La légitime devait rester intacte.

La plainte d'inofficiosité accordée par le droit romain aux frères et sœurs du testateur, quand celui-ci avait institué *turpes personas*, était aussi maintenue dans les provinces de droit écrit.

Enfin les provinces de droit écrit observaient le régime de la prohibition tempérée par le sénatus-consulte de Sévère et d'Antonin Caracalla.

On prétendit bien, après l'ordonnance de 1731, que cette ordonnance avait supprimé les donations

entre époux. L'article 3 de cette ordonnance portait :
« Toutes donations à cause de mort, à l'exception de
celles qui se feront par contrat de mariage, ne pourront dorénavant avoir aucun effet dans les pays même
où elles seront expressément autorisées par les lois ou
par les coutumes, que lorsqu'elles auront été faites
dans la même forme que les testaments ou les codiciles ; en sorte qu'il n'y ait à l'avenir dans nos états
que deux formes de disposer de ses biens à titre gratuit, dont l'une sera celle des donations entre vifs, et
l'autre celle des testaments et des codiciles. »

Les donations entre époux, disait-on, sont de véri-
tables donations à cause de mort, or elles ne rentrent
ni dans l'une ni dans l'autre des catégories de dispositions permises.

Mais ce raisonnement était faux. L'art. 3 de l'ordonnance s'occupait uniquement d'une question de
formes, et voulait ramener les formalités extérieures
à celles des testaments et des codiciles.

Relativement aux secondes noces, les pays de droit
écrit admirent également la législation de Justinien.

En ce qui concerne l'augment de dot que le mari
peut faire à sa seconde femme, il ne doit jamais excéder la part du moins prenant des enfants, dans la succession de leur père.

Le mari et la femme qui ne se remarient pas, sont
tenus de conserver à leurs enfants la propriété des
gains nuptiaux, dont l'augment de dot fait partie, à la
réserve d'une portion égale à celle de chacun des enfants, qu'on appelle en droit la portion virile, dont le

père et la mère peuvent disposer librement. *Nov.* 98, *chap.* i, *Nov.* 127, *chap.* iii.

Les pères et les mères qui se remarient, ayant des enfants du premier lit, perdent la propriété de tous les gains nuptiaux du premier mariage, qui passe à l'instant même aux enfants, et le père ainsi que la mère n'en ont que le simple usufruit.

Mais, quand il n'y a pas d'enfants du mariage, la femme a la propriété entière de la totalité de l'augment, soit qu'elle demeure en viduité ou qu'elle se remarie.

Comme les enfants ont leur portion virile dans les gains nuptiaux par le bénéfice de la loi, ils sont également appelés à cette portion virile, soit qu'ils acceptent la succession du père et de la mère, ou qu'ils y renoncent. Ils ont tous une portion égale que le père ou la mère ne peuvent pas diminuer. Le survivant des époux peut disposer de la part virile à laquelle il peut prétendre droit lui-même, comme bon lui semble, puisque la loi lui en laisse la propriété ; mais il faut alors, du moins dans le ressort du parlement de Toulouse, qu'il en dispose expressément ; car s'il avait simplement institué ses enfants héritiers par inégales portions, la part virile qu'il a dans les gains nuptiaux n'y serait pas comprise. Toutefois, ceci n'est vrai qu'au parlement de Toulouse. Dans les autres parlements, l'institution d'héritier universel faite au profit d'un des enfants par la mère, comprend la portion virile.

La renonciation que fait une fille, par son contrat de mariage, aux successions à échoir du père et de la mère, ne s'étend pas à l'augment de dot, à moins

qu'il n'y soit nommément compris, ou que la renonciation ne soit faite à tous droits et prétentions qu'elle
a et pourra avoir sur les biens et la succession du père
et de la mère, parce que l'augment de dot est une espèce de biens assez irrégulière, que la loi donne aux
enfants, indépendamment de la succession du père et
de la mère, *Henrys, Tom.* 2, *L.* 4, *qu.* 6. *qu.* 5. *et
plaid.* 18.

CHAPITRE DEUXIÈME

Législation des pays de droit coutumier.

SECTION PREMIÈRE

Droit barbare et droit du Moyen âge.

Dans notre très ancien droit coutumier, contrairement aux principes de la législation Romaine, les
époux pouvaient se faire des donations. Ces donations
étaient solennelles dans la forme ; elles pouvaient se
faire soit devant le roi, soit devant le magistrat du
canton. Dans les deux cas, un acte constatant la donation devait être dressé. Si la donation avait eu lieu
devant le magistrat, c'était le donateur qui parlait dans
l'acte ; en un mot ce n'était plus un *preceptum*, mais
seulement une *Charta donationis*.

Quant à l'étendue de ces donations, la donation uni-
latérale était toujours faite en usufruit seulement ; au
contraire, lorsque la donation était mutuelle, quelquefois cette donation portait sur l'usufruit, mais, le plus
souvent, c'était sur la pleine propriété.

Il est certain que les Francs, en Gaule, firent des testaments ; mais entre époux la forme nationale de disposer à cause de mort, c'était *l'adoptio in heredem.* *L'adoptio in heredem* et même aussi la donation simple entre époux étaient caduques lorsque le donataire mourait avant le donateur. Tel était le droit de l'époque Gallo-Franque.

Dans les assises de Jérusalem, au xie siècle, le droit avait changé ; les donations entre vifs sont interdites aux époux. Au xiiie siècle, la même interdiction frappe les donations entre époux. Ce n'est qu'au xive siècle que le don mutuel apparaît d'une manière certaine et indubitable.

Quant au testament, le mari pouvait laisser par testament à sa femme tout ce qu'il aurait pu laisser à un étranger. Il n'en était pas de même pour la femme, certaines restrictions existaient.

Dans le droit de St Louis, la mère de famille noble, lorsqu'elle avait des enfants males, cessait d'être propriétaire de ses immeubles propres dont la propriété passait à ses enfants. Elle n'en avait plus que l'usufruit.

Au xive siècle, la seule donation permise entre époux, c'était le don mutuel. Plusieurs conditions étaient exigées : 1° qu'il n'y eût pas d'enfants; 2° que les deux époux fussent en parfaite santé ; 3° que les avantages fussent égaux; 4° que les deux époux persévérassent dans leur volonté jusqu'à la mort. Sous ces conditions, le don mutuel était en grande faveur. Tout autre accord, même les contrats commutatifs, étaient défendus entre époux.

SECTION DEUXIÈME

Droit des Coutumes.

Dans les coutumes rédigées au xvie siècle, nous voyons quatre systèmes différents.

Certaines coutumes, et, parmi elles, les coutumes d'Angoumois, de Noyon, et de Saint-Jean d'Angely, permettaient, sauf quelques différences de détail, aux époux, toute espèce de donations entre vifs ou testamentaires, simples ou conditionnelles. S'ils avaient des enfants, dans la coutume de Noyon, les époux ne pouvaient disposer que de leurs meubles et acquets. Les donations entre époux, dans ces coutumes, étaient irrévocables. Ces coutumes se rattachaient évidemment au système Gallo-Franc.

Les coutumes de Poitou et de Tourraine permettaient aux époux de se donner l'un à l'autre tout ce qu'ils pourraient donner à un étranger. Mais ces donations étaient révocables, comme les testaments, à la différence du premier système qui régissait les coutumes d'Angoumois, de Noyon, etc.

Dans un troisième système, les époux ne pouvaient disposer l'un envers l'autre que sous la forme d'un testament. Ces coutumes différaient dans la réglementation du quantum entre époux. Le troisième système se rattachait aux usages des xie, xiie et xiiie siècle.

Dans un quatrième système admis à Paris et à Orléans, toute autre disposition entre vifs ou testamentaire que le don mutuel, était interdite aux époux.

Les dispositions relatives aux donations entre époux étaient de statut réel; chaque coutume régissait les immeubles de son territoire. Ce principe avait une grande importance, devant quatre systèmes aussi différents que ceux présentés par nous, plus haut.

Les époux renonçaient souvent par contrat de mariage à leur faculté de disposer, renonciation à laquelle, on le comprend, les familles avaient intérêt. A ce point de vue, ne peut-on pas dire que cette clause liait non-seulement les époux, mais que, établie au profit des deux familles, elle pouvait être aussi invoquée par elles. En un mot, chacun des deux époux ne devait-il pas être considéré comme représentant la famille tout entière. Jusqu'au commencement du XVIIIᵉ siècle, on considéra, en effet, le contrat de mariage, comme un acte entre deux familles. Les familles étaient considérées comme étant parties directes au mariage. Ce point de vue fut ensuite abandonné en 1738. Cependant on n'en continua pas moins de permettre à tous les intéressés d'invoquer la clause d'interdiction des donations.

A Paris, avant de savoir ce que les époux pouvaient l'un envers l'autre par donation, il faut d'abord savoir, art. 282, ce que les époux ne pouvaient pas.

Art. 282. « Hommes et femmes conjoints par ma-
« riage, constant icelui, ne se peuvent avantager l'un
« l'autre par donation entre-vifs, par testament ou
« ordonnance de dernière volonté, ni autrement, di-
« rectement ni indirectement en quelque manière que
« ce soit, sinon par don mutuel, et tel que des-
« sus. »

Ainsi, les donations sont défendues entre hommes et femmes conjoints par mariage. On étendait cette prohibition aux personnes vivant en concubinage. La donation qu'un homme marié faisait en faveur d'une ex-concubine était permise, mais elle était restreinte, en supposant qu'elle fût excessive. Il n'y a rien de pareil dans notre droit actuel. Le législateur du Code a redouté le scandale attaché fatalement à la preuve du concubinage. Dans le projet de Jaqueminot, on avait été plus hardi, et il est certain, en effet, que la captation est plus dangereuse entre concubins qu'entre époux. En revanche de sa sévérité, l'ancienne jurisprudence admettait que la concubine pouvait demander des aliments à son concubin, s'il était né des enfants de leur union illicite.

L'incapacité de l'art. 282 était d'ordre public ; en conséquence, le consentement de leurs héritiers présomptifs ne relevait pas les époux de cette incapacité.

Les époux ne peuvent se faire de donations, ni directement ni indirectement ; par exemple, sous la forme d'un contrat à titre onéreux. Tout contrat qui intervient entre deux époux est censé déguiser un avantage. La donation indirecte peut aussi résulter d'un autre acte que d'un contrat ; seulement, dans le premier cas, il y a nullité radicale, au lieu que, dans le second cas, l'acte n'est qu'annulable. Enfin, la donation peut être indirecte, en ce sens qu'on a interposé des personnes pour la recevoir. Les ascendants étaient considérés comme des personnes interposées ; et même, dans la coutume de Bourbonnais, les

enfants du premier lit de l'autre conjoint, les parents
auxquels l'autre conjoint devaient succéder. L'art. 283
de la Coutume de Paris était équivoque pour les enfants
du premier lit :

Art. 283 : « Ne peuvent lesdits conjoints donner
« aux enfants l'un de l'autre d'un premier mariage,
« au cas qu'ils ou l'un d'eux, aient des enfants. »

Cet article interdit-il à l'époux de faire des donations aux enfants de l'autre époux, lorsqu'il a lui-
même des enfants, ou bien interdit-il la donation,
dans tous les cas, alors même que cet époux n'aurait
pas d'enfants ? La discussion était très-vive. Pothier
pensait que celui des époux qui n'avait pas d'enfants
d'un autre lit, s'il n'y avait pas non plus d'enfants
communs, pouvait faire une donation aux enfants du
premier lit de son conjoint. Au contraire, dans le
système de Laurière, l'époux ne le pouvait même pas
dans une hypothèse semblable.

SECTION TROISIÈME

Du don mutuel.

L'art. 280 de la coutume de Paris porte :

« Homme et femme conjoints par mariage, étant
« en santé, peuvent faire donation mutuelle l'un à
« l'autre également de tous leurs meubles et conquets
« faits durant et constant leur mariage, et qui sont
« trouvés à eux appartenir et être communs entre eux
« à l'heure du trépas du premier mourant desdits
« conjoints, pour en jouir par le survivant, sa vie

« durant, en baillant caution suffisante de restituer
« les biens après son trépas, pourvu qu'il n'y ait en-
« fants, soit des deux conjoints ou de l'un d'eux, lors
« du décès du premier mourant. »

Le don mutuel est une seule et même donation, dans
laquelle les deux époux sont parties l'un et l'autre.
La faculté du don mutuel accordé à la faveur d'état
d'époux était encore réservée exclusivement à l'état
d'époux commun en biens. Comme le but était d'enrichir les époux, les biens qui pouvaient faire l'objet
du don mutuel étaient les biens de la communauté.
Ce résultat s'obtenait sans que la famille du prédécédé
eût à se plaindre. Elle n'était même pas atteinte dans
l'usufruit qui lui appartenait. Sous le régime de la
succession légitime, les acquêts de communauté et les
meubles étaient attribués aux ascendants. Aujour-
d'hui, les époux, lorsqu'ils n'ont pas d'enfants,
peuvent disposer en faveur de leur conjoint de tout
ce dont ils peuvent disposer en faveur d'un étranger,
et en outre de l'usufruit des ascendants. Le don mutuel avait absolument le même résultat. Les ascendants n'ayant pas de réserve, n'avaient pas à se
plaindre directement du don mutuel. Les collatéraux
ne peuvent pas être atteints par le don mutuel, dans
la Coutume de Paris, puisque la réserve des collatéraux
ne porte que sur les propres et que le don mutuel ne
peut pas avoir pour objet des propres.

Il fallait non-seulement que les époux fussent ma-
riés sous le régime de communauté, mais qu'il y eût
encore des biens communs. Si les époux avaient
modifié la communauté de biens, en y insérant la

clause de forfait de communauté, il ne pouvait pas
y avoir de don mutuel.

Dans la pratique, le don mutuel portait sur tous
les biens de communauté, cependant il pouvait et
quelquefois il ne devait en frapper qu'une partie,
par exemple dans le cas où l'un des époux aurait
donné par contrat de mariage à son conjoint plus que
celui-ci ne lui aurait donné.

Le don mutuel n'attribuait à chacun des époux aucun droit actuel. C'était une universalité ou une quote
part des biens à venir qui faisaient l'objet du don mutuel. On n'avait pas voulu que le don mutuel gênât
l'action du mari sur la communauté. Quel était donc
précisément le caractère du don mutuel ? Puisque
chacun ne donnait que l'équivalent de ce qu'il recevait, et puisque le mari continuait à avoir la disposition des biens communs, il est clair que chacun des
époux ne se dépouillait pas lui même, mais ne faisait
que dépouiller ses héritiers.

Au xve siècle, le don mutuel n'était rien de plus
qu'un simple testament ; il n'avait de force que si le
donateur l'avait confirmé, au moment de sa mort.

Au xvie siècle, c'est un testament encore, art. 284,
Cout. de Paris, révocable jusqu'à l'insinuation, irrévocable après l'insinuation. Ainsi l'insinuation donnait
au don mutuel le caractère d'un acte solennel. La
clause par laquelle les époux se seraient réservé
de disposer des biens donnés rendait nul le don
mutuel.

Cette interdiction ne doit pas être prise absolument
à la lettre ; après l'insinuation du don mutuel, la ré-

vocation était impossible dans des actes testamentaires à titre gratuit.

Quant aux dispositions entre-vifs, si la femme ne pouvait rien, c'était une conséquence de la puissance maritale. Le mari étant maître et seigneur, demeurait parfaitement libre, malgré le don mutuel, d'aliéner à titre onéreux les biens communs ou d'en disposer à titre gratuit, par donation entre-vifs. Il est très-vrai que le don mutuel avait ainsi une certaine inégalité, puisque le droit du mari était beaucoup plus étendu que celui de la femme. En dehors de cette circonstance, le don mutuel devait être absolument égal, par rapport aux chances de survie de chacun des deux conjoints.

Ainsi, ni l'un ni l'autre des conjoints ne devait être malade, au moment du don mutuel. Quelques Coutumes allaient plus loin et exigeaient une certaine analogie d'âge.

Le grand coutumier semblait n'interdire le don mutuel aux époux que dans les cas où ils auraient des enfants communs, mais l'art. 280 leur interdit le don mutuel, non seulement quand ils ont des enfants communs, mais encore lorsque tous deux ont des enfants d'un autre lit, ou l'un d'eux seulement.

Un mot sur les formes, dans lesquelles le don mutuel devait être fait. Il devait être fait par acte synallagmatique, devant un notaire. L'insinuation fut exigée dans tout le royaume par une ordonnance de 1622. La Coutume de Paris permettait à chacun des deux époux, de faire insinuer l'acte et de révoquer le don mutuel aussi longtemps que l'insinuation n'avait pas eu lieu. L'ordonnance de 1731 ne permit pas au mari d'opposer à la femme le défaut d'insinuation. Elle établissait d'ailleurs, art. 27, que le défaut d'insinuation ne pouvait pas être opposé par le donateur, or le mari et la femme étaient réciproquement donateurs l'un envers l'autre.

La révocation pouvait toujours avoir lieu par un accord des deux conjoints. Elle devait avoir lieu par acte notarié, mais elle n'était pas soumise à l'insinuation.

Quels événements donnaient ouverture au don mutuel ? Jusqu'à l'ordonnance de 1747, la mort naturelle seule de l'un des conjoints. Mais cette ordonnance ayant décidé que les substitutions s'ouvriraient aussi bien par la mort civile que par la mort naturelle, la doctrine étendit cette législation aux dons mutuels. Cependant il n'y avait pas parité de raisons, puisque la mort civile ne dissolvait pas le mariage, dans notre ancien droit.

Le donataire devait donner caution. Il devait faire inventaire, entretenir les biens en bon état, acquitter les charges périodiques, art. 262, 280, 287, 288, *Cout. de Paris.* Quelques coutumes faisaient cesser l'usufruit de la veuve, lorsqu'elle convolait à de secondes noces. Les coutumes d'Auvergne et de Chartres proscrivaient expressément le don mutuel. La coutume de Bretagne permettait le don mutuel même aux époux ayant des enfants. Quelques coutumes permettaient aux époux de se donner non-seulement les biens de communauté, mais même les immeubles propres à chaque conjoint. D'autres coutumes n'exigeaient pas que l'objet du don mutuel fût égal des deux côtés. Par rapport à la révocabilité, Mantes, Poitou, et beaucoup d'autres permettaient toujours de révoquer. La coutume de Blois n'admettait l'irrévocabilité, comme au XVIe siècle, qu'autant que le don mutuel avait été confirmé par testament. La coutume de Dunois accordait la saisine au donataire. Celle du grand Perche dispensait l'époux donataire de donner caution, s'il n'avait pu en trouver. Les coutumes de Bretagne et de Châteauneuf faisaient cesser la jouissance du donataire mutuel, avec enfant, lorsque ce donataire contractait un second mariage.

Le don mutuel étant destiné à permettre au survivant de continuer le même train de vie, tout ce qui avait de l'analogie avec cette institution était favorable. Ainsi, les pères et mères déclaraient souvent dans le contrat de mariage de leur enfant, que la dot s'imputerait sur la succession du prédécédé. Cette clause est encore très-fréquente aujourd'hui dans les contrats de mariage.

A Paris, on avait paré à la difficulté résultant de ce que le don mutuel ne pouvait être fait par des époux ayant des enfants, au moyen, art. 281, d'une pratique toute particulière.

Art. 281. « Père et mère mariant leurs enfants,
« peuvent convenir que leurs dits enfants laisseront
« jouir le survivant de leurs dits père et mère, des
« meubles et conquêts du prédécédé, la vie durant
« du survivant, pourvu qu'ils ne se remarient. Et
« n'est réputé tel accord avantage entre les dits
« conjoints. »

162   5

Les époux arrivaient ainsi au même résultat pratique que s'ils avaient fait un don mutuel, n'ayant pas d'enfants. Si l'enfant contestait la validité de cette clause, le père ou la mère avait le droit de reprendre la dot qui avait été constituée à l'enfant. Au moyen de cette même clause, les époux qui se seraient fait un don mutuel, à une époque où ils n'avaient pas d'enfants, en empêchaient indirectement la caducité, pour le cas où des enfants leur seraient survenus dans la suite.

SECTION QUATRIÈME

Du Douaire.

Ce n'est pas dans le Droit Romain, mais dans les coutumes des peuples de la Germanie qu'il faut chercher l'origine du douaire.

On sait que la femme, en Germanie, était placée sous un *mundium* perpétuel. Ce *mundium* était un droit de protection sur la femme qui appartenait au père, et, à défaut du père, au plus proche parent mâle. Le mari achetait le *mundium* aux parents de la femme, et la femme rapportait, comme dot au mari, le *pretium nuptiale.* Elle gagnait cette dot en cas de survie, voilà l'origine du douaire. Ce serait une erreur complète de confondre le douaire avec le *Morgengabe* ou don du matin qui ne se donnait qu'aux filles, *tanquam pretium defloratæ virginitatis,* tandis que la *dos* se donnait parfaitement aux veuves. Cette institution du douaire a un historique très-compliqué, et subit de nombreuses vicissitudes. Nous ne parlerons que du douaire de notre droit coutumier, sans remonter à l'époque barbare ni au moyen-âge, parce que cette institution du douaire ne se rattache qu'indirectement au sujet traité par nous.

De même que, dans les pays de droit écrit, la femme survivante obtenait sur les biens de son mari un augment proportionné à la dot, de même, dans les pays de droit coutumier, elle obtenait un douaire qui était pour elle, dans le régime de la communauté, ce que l'augment était dans le régime dotal.

Le douaire comme l'augment était conventionnel ou légal. Ce dernier consistait, dans la plupart des coutumes, dans l'usufruit de la moitié des héritages qui appartenaient au mari, au jour du mariage, ou qui lui étaient échus depuis en ligne directe, art. 248 de la coutume de Paris. Il différait donc de l'augment qui avait pour gage tous les biens laissés par le mari. Le douaire conventionnel comprenait les biens qu'il plaisait aux parties, d'après les arrangements pris par elles dans leur contrat de mariage.

Nous l'avons déjà dit, nous n'avons pas à traiter longuement la matière du douaire ; elle ne se rattache pas d'une manière directe à notre sujet. En effet, le douaire, même conventionnel, n'était pas considéré comme une libéralité que le mari faisait à sa femme. « Quoique, dit Pothier, le douaire soit pour la femme un titre lucratif, en ce sens qu'elle ne donne rien pour et à la place de ce qu'elle reçoit à ce titre, néanmoins le douaire ne peut être regardé comme une donation que le mari fasse à sa femme. Une donation est une libéralité qu'on fait à quelqu'un sans y être obligé, *liberalitas nullo jure cogente facta*. C'est ce qu'on ne peut pas dire du douaire. Suivant nos mœurs, et suivant l'origine du douaire, un homme en épousant une femme contracte l'obligation de pourvoir sur ses biens, après sa mort, à la subsistance de sa femme, au cas qu'elle lui survive. La loi laisse aux parties la liberté de régler elles-mêmes, par leur contrat de mariage, ce que l'homme doit laisser à sa veuve pour cela : ce qu'elles ont réglé est le douaire conventionnel. Lorsque les parties ne l'ont pas réglé par leur contrat de mariage, la loi le règle elle-même, et ce que la loi règle est le douaire coutumier. De là il suit que le douaire soit coutumier, soit même conventionnel, n'est pas une donation, puisque ce n'est pas *liberalitas nullo jure cogente facta,* et que tant l'un que l'autre procède d'une obligation que l'homme contracte par le mariage envers sa femme, en l'épousant. »

Puisque le douaire n'était pas une donation, les biens qu'il comprenait ne devaient pas être imputés sur la quotité disponible, et n'étaient pas en principe sujets à retranchement pour la légitime des enfants. Il est un cas cependant où le douaire conventionnel était réputé donation pour tout ce dont il excédait le douaire légal : c'est le cas où le mari avait des enfants d'un précédent mariage. Il était alors, pour l'excédant, sujet au retranchement, auquel étaient soumises les donations faites à une seconde femme, d'après l'édit des secondes noces, ainsi que nous le verrons plus loin. Il eût été trop facile autrement d'éluder la défense de l'édit : un homme qui se remarie n'aurait eu qu'à déguiser sous le nom de douaire les avantages immenses qu'il aurait faits à sa seconde femme, au préjudice des enfants du premier lit.

Il n'y avait pas, dans les pays coutumiers, de droit analogue au contre augment des pays de droit écrit : L'époque Gallo-Franque et le moyen-âge avaient bien connu une contre partie du douaire, le *maritagium ;* c'était une libéralité que la femme faisait au mari. Il devait être constitué avant le mariage. Comme le douaire, il était donné aussi bien au second mariage qu'au premier mariage. Comme le douaire, il ne conférait qu'un droit d'usufruit. Mais tandis que nous rencontrons, avant Philippe Auguste, à certaines époques, un douaire légal, jamais le *maritagium* n'a été que conventionnel. Ensuite le mari n'avait droit au *maritagium* qu'autant qu'il était né un enfant viable. Cette institution disparut au XIVᵉ siècle, avec la déclaration *ad ostium ecclesiæ.*

Les pays de coutume n'admettaient pas davantage la quarte du conjoint pauvre. Elle n'était pas utile comme dans les provinces régies par le droit écrit, parce que la femme survivante avait ordinairement, outre son douaire, la moitié de la communauté, et que le mari avait aussi la moitié de cette communauté.

CHAPITRE TROISIÈME

Restriction à la faculté de disposer résultant d'un second mariage.

Jusqu'ici, en étudiant les cas où les donations entre époux étaient autorisées, et la quotité de biens qu'ils pouvaient se donner, nous avons supposé constamment qu'il n'existait pas d'enfants de précédents mariages. Nous allons maintenant supposer l'hypothèse inverse. Nous connaissons les précédents Romains de cette matière.

Il faut venir jusqu'au xvi⁰ siècle dans notre Droit pour rencontrer des dispositions restrictives formelles. C'est sous François II que l'édit des secondes noces fut rendu, à l'occasion d'une donation de tous ses biens qu'une femme veuve, mère de huit enfants, avait fait à son second mari[1]. Le chancelier Lhospital céda à l'indignation publique et à la sienne propre en proposant à François II, et en lui faisant signer l'édit des secondes noces.

Voici le préambule de cet édit : « Comme les femmes veuves ayant enfants sont souvent invitées et sollicitées à nouvelles noces, et ne connaissant pas être recherchées plus pour leurs biens que pour leur personne elles abandonnent leurs biens à leur nou-

[1] Jeanne d'Alyre avait eu huit enfants de son premier mariage avec le chancelier Duprat. Elle épousa en secondes noces George d'Amboise auquel elle donna tous ses biens.

veau mari, sous prétexte et faveur du mariage ; leur
font des donations immenses, mettent en oubli les
devoirs de la nature envers leurs enfants, de l'amour
desquels tant s'en faut qu'elles s'en dussent éloigner
par la mort du père, que les voyant destitués du secours et aide de leur père, elles devraient par tous
moyens s'exercer à leur faire double office de père et
de mère ; desquelles donations, outre les querelles et
divisions entre mari et enfants, s'ensuit la diminution
des bonnes familles, et conséquemment diminution
de la fortune de l'état public ; à quoi les empereurs
ont voulu pourvoir par plusieurs bonnes lois et
constitutions sur ce par eux faites ; et nous, enten-
dant l'infirmité du sexe, avons loué et approuvé icelles
lois, etc. »

Dans son premier chef, l'édit des secondes noces
défend aux femmes de donner à leurs seconds maris
sur les biens qui leur appartiennent plus qu'une part
d'enfant le moins prenant [1].

Dans le deuxième chef, il est interdit aux femmes

---

[1] 1er chef : « Ordonnons que les femmes veuves ayant enfant ou enfants, ou enfants de leurs enfants, si elles passent à
de nouvelles noces ne pourront, en quelque façon que ce soit
donner de leurs biens, meubles, acquets, ou acquis par elle,
d'ailleurs que de leurs premiers maris, ni moins leurs propres,
à leurs nouveaux maris, pères, mères, ou enfants desdits maris, ou autres personnes qu'on puisse présumer être par dol
ou fraude interposés, plus que l'un de leurs enfants ou enfants de leurs enfants, et s'il se trouve division inégale de
leurs biens faite entre leurs enfants, ou enfants de leurs enfants,
les donations faites par elles à leurs nouveaux maris seront
réduites et mesurées à la raison de celui des enfants qui aura
le moins. »

qui se remarieront, de disposer en faveur du nouveau conjoint, des biens provenant de leur premier époux. Et même défense est faite aux maris [1].

La prohibition du premier chef n'est formulée que pour les femmes. Mais la jurisprudence l'étendit aux pères de familles qui se remarieraient. En effet, la constitution que l'édit des secondes noces transcrit presque littéralement avait également trait aux pères de famille.

Si le veuf ou la veuve se remariaient plusieurs fois, ils ne pouvaient pas collectivement donner plus que ce que l'ordonnance ne portait. Si donc, ils avaient donné une part d'enfant le moins prenant à leur deuxième conjoint, ils ne pouvaient plus rien donner à leur troisième conjoint. S'il résultait des conventions matrimoniales un plus grand avantage pour le second conjoint que celui toléré par la loi, ces conventions matrimoniales ne devaient pas être maintenues. Mais les époux pouvaient parfaitement se faire un don mutuel sur les biens de la communauté.

Nous avons vu que la quotité de la donation se mesurait sur la part de celui des enfants qui avait le moins. Si l'un des enfants recevait moins et s'en con-

---

[1] 2ᵐᵉ chef : « Et au regard des biens à icelles veuves acquis par dons et libéralités de leurs défunts maris, elles ne peuvent et ne pourront en faire aucune part à leurs nouveaux maris; mais elles seront tenues de les réserver aux enfants communs d'entre elles et leurs maris de la libéralité desquels iceux biens leur seront advenus. Le semblable voulons être gardé ès biens qui seront venus aux maris par dons de leurs défuntes femmes. »

tentait, le conjoint n'en avait pas moins droit à la légitime.

Si les enfants du premier lit décédaient sans posté-rité, il n'y avait pas lieu aux prohibitions de l'édit : mais lorsque les enfants du premier lit avaient obtenu la réduction de la donation, le résultat se partageait également entre tous les enfants, ceux du second lit comme ceux du premier. Et même, pourvu qu'il y eût des enfants du premier lit, les enfants du deuxième lit pouvaient toujours demander la réduction.

Les enfants n'avaient pas besoin, pour obtenir cette réduction, de venir à la succession du donateur. Il suffisait qu'ils fussent habiles à succéder. Peu impor-tait donc qu'ils eussent accepté la succession, ou qu'ils y eussent renoncé.

La part de chaque enfant, dans les objets retran-chés, n'était pas imputée sur la légitime ; en effet, ces biens ne faisaient pas partie de la succession. Il fallait cependant que le partage de ces biens retran-chés fût fait, dans l'ordre des successions.

Venons au second chef : Conformément aux lois Romaines de l'an 382 et de l'an 444, le conjoint do-nataire, à partir de son second mariage, perdait les biens qu'il avait reçus par don ou libéralité, et devait les conserver intacts pour les enfants du premier lit.

Nos anciens voyaient là une substitution fidéi-commissaire. L'époux survivant donataire n'était plus qu'un grevé, d'après notre droit coutumier. En con-séquence, les enfants tenant les biens de l'époux pré-décédé, ces biens étaient, pour eux, des propres pa-ternels ou maternels, selon que le prédécédé était leur père ou leur mère. Dans le Droit Romain, le conjoint avait le droit de partager les biens à ses enfants du premier lit ; au contraire, comme nos anciens jurisconsultes le supposaient grevé d'un fidéicommis, aucune distribution ne lui était permise, dans notre droit coutumier.

Les enfants communs du premier lit recueillaient, seuls, ces biens, et l'égalité des successions n'était pas blessée par là, puisque ces enfants ne les recueillaient pas comme héritiers du donataire, mais comme héritiers du prédécédé. Il s'agissait donc de deux successions tout à fait différentes.

Il suffisait, comme sur le premier chef, pour pouvoir réclamer les biens, que les enfants fussent habiles à succéder au prédécédé, bien qu'ils ne lui eussent pas succédé.

L'édit ne s'occupait pas des conquets faits dans la première communauté ; il ne les distinguait pas de ceux dont le conjoint était propriétaire. Celui-ci pouvait donc en disposer librement, soit au profit d'un étranger, soit au profit de son nouveau conjoint. Cependant il semble que ces biens, s'ils n'étaient pas tout à fait des biens provenant de la libéralité du premier conjoint, n'étaient pas non plus absolument étrangers à une pensée de libéralité. Aussi, la coutume de Paris s'était-elle occupée, dans son art. 279, de ces biens intermédiaires : « Et quant aux conquets faits avec ses précédents maris, n'en peut disposer aucunement au préjudice des portions dont les enfants desdits premiers mariages pourraient amender de leur mère. »

Ces conquets formaient donc une classe intermédiaire de biens, dont le conjoint pouvait disposer
d'une manière plus étendue que des biens qui lui
avaient été donnés par le premier conjoint. D'un
autre côté, il peut en disposer moins librement que
des biens ne provenant pas de son premier conjoint.
L'art. 279 parle uniquement de la femme, mais cette
disposition était appliquée par la jurisprudence aussi
bien au mari qu'à la femme. Sous ce mot de conquets,
on ne comprenait pas seulement les immeubles, mais
encore, par extension, les meubles acquis *ex mutuâ
collaboratione*. On y comprenait même les biens que
l'époux avait, au moment même où il s'était marié.
En effet, la communauté de biens entre époux est
dans l'intérêt des enfants, tous les biens qui y entrent
sont aussi les biens des enfants. L'art. 279 ne dit pas
que cette interdiction absolue de disposer soit applicable spécialement contre le conjoint nouveau. Il
semble que le conjoint remarié ne pourra disposer au
profit d'aucune personne. Cependant, on se convaincra
par une lecture attentive de l'art. 279, que cette incapacité absolue ne s'applique que contre le nouvel
époux, et non pas contre les tiers ; il faut comparer
les deux dispositions de l'article l'une avec l'autre.
De plus, la coutume d'Orléans, interprétative et sup-
plétive de la coutume de Paris, s'en expliquait catégo-
riquement dans son article 203. Ainsi, la réalité, c'est
que le conjoint ne pourra disposer des conquets au
profit de son nouveau conjoint, mais qu'il pourra en
disposer au profit de tout autre.

« *Pourraient amender de leur mère,* » c'est-à-dire

ce qui serait arrivé aux enfants, du chef de leur mère, si celle-ci n'en avait pas disposé.

Remarquons que, si la femme pouvait disposer au profit d'un étranger des conquets, elle n'avait pas cependant le droit de dissiper ainsi la part qui devait revenir, dans sa succession, aux enfants de son premier mariage. Les enfants du deuxième lit étaient-ils admis, concurremment avec les enfants du premier lit, sur ces conquets de communauté. Il y a en effet une part dans ces conquets qui provient soit du travail, soit de l'apport du conjoint survivant. Mais aussi il est vrai de dire que le travail du premier conjoint avait contribué à l'entretien et à l'apport de ces biens. Si la donation de ces biens était faite par le conjoint remarié à son nouveau conjoint, la donation était nulle pour le tout, et les biens étaient partagés également entre les enfants du premier lit et ceux du second lit. Seulement, il y avait, entre eux, cette différence que les enfants du premier lit pouvaient venir sur ces biens, quoique ayant renoncé à la succession. Si la donation était faite à un tiers, elle était réductible en tant qu'elle nuisait aux droits des enfants issus du premier mariage. Les enfants du premier lit profitaient seuls de ce retranchement opéré en leur faveur, limité à leur part. Les enfants du second lit n'en profitaient pas. L'avantage que ces enfants du premier lit retirent, ils le reçoivent par la force de l'art. 279, et non pas comme successibles ; il n'y avait donc pas lieu d'appliquer l'art. 303 de la coutume de Paris.

DROIT INTERMÉDIAIRE

On est convenu d'appeler droit intermédiaire, l'ensemble des lois promulguées depuis la révolution de 1789, jusqu'à la rédaction du Code civil. Sous cette période, deux lois principales se recommandent à notre attention, comme consacrant la dernière évolution de la jurisprudence sur les donations entre époux, avant notre droit actuel.

Une première loi du 5 Brumaire an XI, dispose en ces termes, dans ses articles 2 et 3 :

« Les avantages stipulés entre les époux encore existants, soit par leur contrat de mariage, soit par des actes postérieurs, ou qui se trouveraient établis dans certains lieux par les coutumes, statuts ou usages, auront leur plein et entier effet. Néammoins, s'il y a des enfants de leur union, ces avantages, au cas qu'ils consistent en simple jouissance, ne pourront s'élever au-delà de la moitié du revenu des biens délaissés par l'époux décédé ; et, s'ils consistent en des dispositions de propriété, soit mobilière, soit immobilière, ils seront restreints à l'usufruit des choses qui en sont l'objet, sans qu'ils puissent jamais excéder la moitié du revenu de la totalité des biens.

« La même disposition aura lieu à l'égard des institutions, dons ou legs faits dans des actes de dernière volonté, par un mari à sa femme ou par une femme à son mari, dont les successions sont ouvertes, depuis la promulgation de la loi du 7 mars dernier. »

La seconde loi est celle du 17 nivôse an II, cette célèbre loi révolutionnaire qui proclama le principe de l'égalité absolue entre les héritiers. D'après cette loi, le *de cujus* a-t-il des héritiers en ligne directe, il ne peut disposer que du dixième de ses biens. A-t-il seulement des héritiers collatéraux, il peut alors disposer du sixième. Mais, dans aucun cas, il ne peut faire profiter de sa disposition un de ses successibles. L'égalité entre les successibles est un principe politique qui ne peut être violé.

La loi du 17 nivôse était rétroactive. Elle annulait toutes les dispositions contraires à ses prescriptions, qui avaient été faites depuis le 14 juillet 1789. Et c'est ainsi qu'elle ramenait rétroactivement, art. 14, à une réduction ou conversion en usufruit de moitié, dans le cas où il y aurait des enfants, tous avantages échus à un époux ou recueillis par lui postérieurement au 14 juillet 1789. Elle reproduisait d'ailleurs presque littéralement les art. 2 et 3 de la loi du 5 brumaire an II.

En résumé, dans l'ordre de sa faveur, la loi du 17 nivôse an II, préférait les époux aux héritiers collatéraux. Ainsi l'époux, en présence de ses héritiers, pouvait recevoir l'universalité des biens ; et cette même loi préférait les héritiers collatéraux aux étrangers. Ainsi les héritiers collatéraux auraient pu demander la réduction jusqu'à concurrence du sixième, d'une disposition universelle faite en faveur d'un étranger. Que si donc nous supposons un concours de libéralités, c'est-à dire deux donations, dont l'une au profit de l'époux, et l'autre au profit d'un étranger, il suivra comme conséquence, sous l'empire de cette loi, que la donation en faveur de l'étranger devra être réduite et même disparaître entièrement, si, déduction faite de ce qui a été donné à l'époux, il ne reste pas les 5|6 des biens pour les héritiers. Enfin, quand l'époux avait des enfants, il ne pouvait donner à son conjoint que la moitié de ses biens en usufruit.

Enfin, nous parlerons encore d'une troisième loi, celle du 4 germinal an VIII. Elle ne changea rien aux principes qui réglaient les dispositions entre époux ; mais nous croyons pourtant utile de la rapporter parce qu'elle changea radicalement les règles de la quotité disponible ordinaire.

Elle était ainsi conçue :

ART. 1er. « A compter de la publication de la présente loi, toutes libéralités qui seront faites, soit par actes entre vifs, soit par actes de dernière volonté, dans les formes légales, seront valables lorsqu'elles n'excéderont pas le quart des biens du disposant, s'il laisse à son décès moins de quatre enfants ; le sixième s'il en laisse cinq ; et ainsi de suite, en comptant toujours, pour déterminer la portion disponible, le nombre des enfants, plus un. »

Art. 2. « Sont compris dans l'article précédent, sous le nom d'enfants, les descendants à quelque degré que ce soit, néanmoins ils ne seront comptés que pour l'enfant qu'ils représentent dans la succession du disposant. »

Art. 3. « Vaudront pareillement les libéralités qui seront faites dans les formes légales, soit par acte entre vifs, soit par acte de dernière volonté, lorsqu'elles n'excéderont pas la moitié des biens du disposant, s'il laisse soit des ascendants, soit des frères et sœurs, soit des enfants ou petits enfants des frères ou sœurs ; les trois quarts, lorsqu'il laisse soit des oncles ou grands oncles, tantes ou grand'tantes, soit des cousins germains ou cousines germaines, soit des enfants desdits cousins et cousines. »

Art. 4 : « A défaut de parents dans les degrés ci-dessus exprimés, les dispositions à titre gratuit pourront épuiser la totalité des biens du disposant.

Art. 5. « Les libéralités autorisées par la présente loi peuvent être faites au profit des enfants ou autres successibles du disposant, sans qu'ils soient sujets à rapport.

Art. 6. « Toutes les lois contraires à la présente loi sont abrogées ; néanmoins il n'est dérogé ni à celles qui règlent l'ordre des successions *ab intestat*, ni à celles qui concernent les dispositions entre époux »

DROIT FRANÇAIS MODERNE

DE LA QUOTITÉ DISPONIBLE ENTRE ÉPOUX

Art. 1094 et 1098.

**Lex arctius prohibet quod facilius
fieri putat.**

C'est une grave théorie que celle des donations entre
époux dont la réglementation demande toute la vigi-
lance et toute la pénétration du législateur. Deux
écueils sont à craindre, parce que deux considérations
puissantes demandent également satisfaction, en cette
matière, et que, si d'une part l'affection fait un devoir
à l'époux de gratifier son conjoint pauvre, d'autre
part la violence même de cette affection peut faire
craindre qu'il ne se laisse entraîner à des libéralités
excessives.

Notre législation ne connaît plus la quarte du
conjoint pauvre, l'augment ni le contre augment du
droit écrit; elle ne connaît plus le douaire de nos
coutumes, dont le but était d'assurer des ressources
et une vie honorable au conjoint sans fortune, à la
mort de son conjoint. Notre législation devait donc
demander à un procédé différent le moyen d'assurer
l'avenir du conjoint pauvre. Et c'est ce qu'elle a fait

162   G

en décrétant la liberté des donations entre époux. Mais, ici se présente l'écueil que nous signalions tout-à-l'heure, et nous répétons, n'est-il pas à craindre que ces libéralités ne soient excessives ? Oui, et le législateur l'a si parfaitement compris qu'il a déterminé un taux que l'époux ne pourra dépasser en présence des réservataires, lequel est quelquefois inférieur, comme nous le prouverons, à celui de la quotité disponible ordinaire, et qu'il a rendu essentiellement révocables, révocables *ad nutum*, les donations faites pendant le mariage.

Ceci dit, entrons dans l'étude de la législation du Code Civil. Et d'abord que faut-il entendre par quotité disponible et par réserve ?

Le législateur divise notre patrimoine en deux parties. L'une disponible, au caprice du propriétaire, peut être transmise par lui à ses héritiers légitimes, ou, s'il le préfère, à des donataires, légataires étrangers, voilà la quotité disponible. L'autre partie, au contraire, doit être attribuée nécessairement à certains héritiers, c'est-à-dire aux ascendants et aux descendants du *de cujus*, voilà la réserve. Le législateur, en instituant ainsi une quotité disponible, a voulu donner une sanction importante à la puissance paternelle. Et en effet, la crainte de se voir dépouillés de la quotité disponible, maintiendra les enfants dans le respect qu'ils doivent à leur père et à leur mère, en un mot à leurs ascendants. Mais comme aussi, d'un autre côté, ceux ci pourraient dépouiller quelquefois leurs enfants, sans aucune raison sérieuse, le législateur a établi la réserve des enfants.

Quant au chiffre de la quotité disponible et de la
réserve, nous le trouvons indiqué dans les art. 913 à
916. La quotité disponible est de la moitié des biens,
en présence d'un enfant ; elle est d'un tiers, en présence de deux enfants, elle est d'un quart en présence de trois enfants ou d'un plus grand nombre.
Quand il ne reste que des ascendants, le disponible
est de la moitié ou des trois quarts, selon qu'il y a des
ascendants dans les deux lignes ou dans une seule.
Enfin, à défaut de descendants ou d'ascendants, le
disponible embrasse la totalité des biens.

Nous venons d'exposer la théorie de la quotité disponible ordinaire, telle qu'elle résulte du chapitre 3,
au titre des donations, art. 913 à 916. Il nous reste
à parler de ce qui fait l'objet même de cette étude,
de la quotité disponible entre époux. Il en est traité
dans les articles 1094 et 1098 qui prévoient trois hypo_
thèses.

L'époux laisse-t-il des ascendants, il peut gratifier
son conjoint, en propriété, de tout ce dont il pourrait
disposer en faveur d'un étranger, et en outre de l'usufruit de la totalité de la portion dont la loi prohibe la
disposition au préjudice des héritiers.

Laisse-t-il des enfants issus de son mariage avec le
donataire ou le légataire, il peut disposer en sa faveur
d'un quart des biens, en propriété, et d'un quart, en
usufruit, ou de la moitié en usufruit seulement.

Enfin, laisse-t-il des enfants issus d'un précédent
mariage, il ne peut donner à son nouvel époux qu'une
part d'enfant légitime le moins prenant, et sans que,
dans aucun cas, ces donations puissent excéder le

quart des biens. Cette dernière disposition constitue une innovation sur l'ancienne jurisprudence.

Telles sont les dispositions laconiques du Code sur la
quotité disponible entre époux qui, faisant la part de
l'interprétation trop grande, ont ainsi donné lieu à
des controverses aussi nombreuses que difficiles.

Nous diviserons notre sujet en deux parties.

Dans la première, nous traiterons du disponible
entre époux considéré en lui même ; dans la seconde,
nous examinerons le disponible entre époux dans ses
rapports avec le disponible ordinaire. Mais auparavant,
pour compléter nos notions générales sur la quotité
disponible, nous devons ajouter que le chiffre de la
quotité disponible entre époux, comme le chiffre de
quotité disponible ordinaire, ne peut être connu qu'au
décès du disposant. C'est en considérant l'état de sa
fortune à cette époque, et le nombre, la qualité des
successibles, qu'on peut déterminer le *quantum* de la
quotité disponible. Ainsi, telle libéralité excessive, si
le disposant fût mort immédiatement, pourra être
maintenue si, à son décès, sa fortune s'est suffisamment
augmentée, et vice versa. Nous observerons ensuite
que la quotité disponible entre époux est indépendante de la nature des libéralités et de l'époque à
laquelle elles ont été faites. Peu importe qu'elles le
soient par testament, par acte entre-vifs, ou dans le
contrat de mariage.

Cependant, une restriction est nécessaire à la généralité de cette règle. Elle est absolument vraie, en
ce qui concerne les libéralités faites par le contrat de
mariage, relativement auxquelles on n'a pas besoin de

se demander si le futur époux, qui donne, est majeur ou mineur; puisque, même en le supposant mineur, il peut donner à son futur époux tout ce qu'il pourrait lui donner, s'il était majeur, avec l'assistance des personnes dont le consentement lui est nécessaire pour la validité de son mariage. L'époux mineur, au contraire, ne peut disposer, pendant le mariage, au profit de son conjoint, que par testament, et il ne peut disposer en sa faveur que de la moitié dont il pourrait disposer, s'il était majeur, c'est-à-dire que l'art. 904 doit être appliqué aux dispositions testamentaires entre époux.

PREMIÈRE PARTIE.

Du disponible entre époux considéré en lui-même.

Nous diviserons cette première partie en deux chapitres.

Nous nous demanderons, dans le premier, quelle est la quotité disponible entre époux, en supposant qu'il n'y ait pas d'enfants d'un premier mariage. Nous traiterons successivement du cas où les époux ont des ascendants pour héritiers réservataires, et du cas où ils ont des enfants communs.

Nous nous occuperons, dans le second chapitre, du cas où le conjoint disposant a des enfants d'un précédent mariage.

CHAPITRE PREMIER

Quotité disponible entre époux, lorsque le conjoint donateur n'a pas de descendants d'un précédent mariage.

SECTION PREMIÈRE

Quotité disponible entre époux, lorsqu'ils n'ont pas d'enfants communs.

Les époux qui n'ont ni descendants, ni ascendants, peuvent se donner la totalité de leurs biens. Peu importe la qualité du donataire. Toute personne qui n'a pas d'héritiers réservataires, peut donner toute sa fortune au premier venu, à son conjoint ou à un étranger.

Mais, quand l'époux donateur laisse des ascendants, il doit leur réserver une certaine portion de ses biens. Que peut-il, dans ce cas, donner à son conjoint ? Nous l'avons dit plus haut: tout ce qu'il pourrait donner à un étranger, et, en outre, l'usufruit de la réserve des ascendants, c'est-à-dire la moitié ou les trois quarts en pleine propriété, suivant qu'il laisse des ascendants dans les deux lignes ou dans une seule; et, en outre, l'usufruit de la moitié ou du quart formant la réserve des ascendants.

Cette innovation, d'après laquelle l'époux obtient l'usufruit de la réserve des ascendants, a soulevé de la part des commentateurs les critiques les

plus violentes, et, nous croyons pouvoir le dire, les
plus méritées. Quel profit les ascendants pourront-ils
retirer de la nue propriété de la moitié ou du quart ?
Ils n'ont aucune chance de voir l'usufruit revenir entre leurs mains compléter leur propriété imparfaite.
En effet, leur gendre et leur bru sont plus jeunes
qu'eux et doivent leur survivre [1]. Quelle sera donc
leur ressource ? De vendre leur nue propriété; et
cette vente se fera dans de très-mauvaises conditions,
comme toujours lorsque l'usufruit repose sur une
tête jeune. Tels sont les vices de ce système, et nous
avouons ne pouvoir admettre les justifications par lesquelles plusieurs interprètes d'ailleurs très-autorisés
ont essayé de le couvrir, en disant par exemple que la
mort de l'époux, avant son ascendant, est une interversion du cours de la nature, dont il ne pouvait résulter, sous peine de scandale, des avantages trop
considérables pour cet ascendant. Argumenter ainsi,
c'est s'attaquer au système tout entier de la réserve
des ascendants et ne tendre à rien moins qu'à la proscrire. Et puis, remarquons que l'ascendant, en per-
dant son enfant, perd sa créance d'aliments contre
lui, et que, cet enfant étant mort lui-même, sans enfants, l'époux survivant n'est pas tenu de lui en fournir, art. 206; en un mot, qu'il y a là une situation

[1] Il est véritablement dérisoire de renvoyer les ascendants,
pour la jouissance de leur légitime, à la mort de leurs gendres ou
brus, qui ont, ordinairement de moins qu'eux, l'âge d'une gé-
nération. (Malleville. Analyse raisonnée de la discussion du Code civil, t. II, p. 437.)

nouvelle pour l'ascendant, à laquelle le législateur aurait dû plus efficacement pourvoir.

Un cas peut se présenter dans lequel, les ascendants n'ayant pas de réserve , l'époux a le droit de donner à son conjoint, en présence de ses ascendants, sa fortune tout entière, sauf cependant dans un certain système que nous examinerons bientôt [1].

Il suffit de supposer que les ascendants existants sont autres que les père et mère de l'époux décédé, et que celui-ci laisse des frères ou sœurs ou descendants d'eux. Aux termes de l'art. 750, les frères et sœurs ou leurs descendants sont préférés aux ascendants autres que les père et mère, dans l'ordre des successions *ab intestat.* Comme conséquence, les ascendants n'étant pas appelés à la succession n'ont pas droit à une réserve; et comme, d'un autre côté, les collatéraux, même les frères ou sœurs, ne sont pas héritiers réservataires, il en résulte naturellement que, dans une telle hypothèse, le *de cujus* peut disposer en faveur de qui il voudra de sa fortune tout entière [2]. Mais *quid,* si

---

[1] Voyez 2⁰ système, p. 95.

[2] Il est peut-être regrettable que, même en présence de simples collatéraux, le législateur n'ait pas limité le droit de disposer en faveur du conjoint. On s'explique facilement la liberté entière de disposition en faveur d'un étranger ; on en usera rarement. Mais au contraire les donations de la totalité d'une fortune seront très-fréquentes, en faveur du conjoint. La famille aurait peut-être dû être protégée contre ces entraînements de libéralités excessives. Que si, en effet, la donation est adressée à un conjoint, il est à craindre que ce conjoint, en se remariant, ne fasse profiter un nouvel époux de la libéralité qui lui a été faite. Que si au contraire le conjoint est âgé, la

les frères et sœurs renonçaient, les ascendants réservataires se trouveraient-ils en ordre utile, et pour-
raient-ils faire réduire la donation. Cette question est
très-controversée.

Trois systèmes sont en présence, pour la résoudre.

Dans un premier système, on raisonne ainsi : La
renonciation des frères et sœurs se trouve sans objet,
puisqu'ils n'ont aucun droit : *Quod quis, si velit
habere, non potest, repudiare non potest.* C'est donc
en vain qu'on prétendrait que les frères et sœurs étant
réputés, par suite de leur renonciation, n'avoir jamais
été héritiers, en vertu des art. 785 et 786, les ascendants doivent en conséquence être considérés comme
saisis de la succession, à partir du décès, et comme
réunissant ainsi toutes les conditions requises pour
avoir droit à la réserve. Cet argument ne peut trouver sa place, puisque les frères et sœurs ont fait,
en renonçant, ce qu'ils n'avaient pas droit de faire.
La preuve que ces frères et sœurs ne sont pas héritiers, en présence d'un légataire universel, résulte
de l'art. 1006 déclarant que la saisine légale appartient à ce légataire universel, ce qui exclut les frères
et sœurs dont le titre est alors effacé.

Que si d'ailleurs, les frères et sœurs qui ont renoncé, en présence du conjoint institué légataire universel, avaient reçu du défunt des donations, à titre
d'avancement d'hoirie, un nouveau vice de l'affirma-

---

donation est plutôt faite à sa propre famille qu'à lui-même, et
le donateur se trouve avoir avantagé une famille étrangère,
au préjudice de sa propre famille.

tive va apparaître. Les intentions du défunt seront violées. Il avait voulu, tout en assurant à ses héritiers *ab intestat*, par des libéralités entre vifs, à peu près la part qu'ils auraient recueillie dans sa succession, procurer aussi à son conjoint les ressources qui peuvent lui être nécessaires. Cependant, d'après l'affirmative la réserve des ascendants va peut-être faire disparaître, en totalité, le legs fait au conjoint ; et même, si ce legs ne suffit pas pour parfaire la réserve, les donations faites aux frères et sœurs qui ont renoncé pourront être réduites ; c'est-à-dire que la renonciation de ces frères et sœurs ne peut être qu'une collusion concertée entre eux et les ascendants, dans le but de frauder l'époux ; l'affirmative se trouve donc ainsi condamnée par ses propres conséquences. Quel système que celui, d'après lequel, les ascendants d'une part et d'autre part le légataire universel, c'est-à-dire le conjoint dans notre hypothèse, seraient à la discrétion complète des frères et sœurs qui pourraient mettre aux enchères leur renonciation ou leur acceptation, suivant que les ascendants ou le conjoint leur en offriraient un prix plus élevé. Et remarquez qu'une telle situation, une aussi grande incertitude, pourrait se prolonger pendant trente ans !

Ensuite que devient, dans le système de l'affirmative, l'autorisation donnée par la loi à celui qui a des frères et sœurs, des aïeuls et aïeules, de disposer en totalité de tous ses biens ? Est-ce que la renonciation des frères et sœurs ne pourrait pas toujours ouvrir une action en réduction contre des dispositions permises pourtant par le législateur.

Dans un second système, qui est la contre partie
exacte du premier, on décide que les ascendants ont
une réserve et qu'ils peuvent agir en réduction contre
le conjoint légataire universel, alors même que les
frères et sœurs n'auraient pas renoncé.

Le point de départ est le même que celui du premier système, c'est-à-dire qu'on conteste également
aux frères ou sœurs leur qualité d'héritiers, et qu'on
invoque également contre eux l'art. 1006. Mais les
conséquences sont tout autres, et c'est précisément,
dit-on, dans ce second système, parce que les frères et
sœurs ne sont pas héritiers, que les aïeuls et aïeules
sont héritiers. Ils sont, en effet, appelés à défaut des
frères et sœurs ; or, du moment qu'ils sont appelés à
la succession, ils ont droit à une réserve. art. 746,
753, 915.

On ajoute, dans ce second système, qu'en raisonnant
ainsi, on assure conformément à la volonté de la loi,
une réserve aux ascendants, et que leur droit ainsi
que celui du conjoint légataire universel ne se trouve
pas livré à la discrétion des frères et sœurs.

Enfin, dans un troisième système, on distingue
suivant que les frères ou sœurs renoncent ou acceptent la succession. Dans le premier cas, les ascendants sont héritiers, et ont par conséquent une réserve ;
dans le second, ils ne sont pas héritiers et ils n'ont
pas de réserve.

Toute la question revient à se demander quel est
l'effet du legs universel relativement à la vocation hé-
réditaire des frères et sœurs. Or, d'après ce troisième
système, il ne faudrait pas conclure de ce que l'héritier

légitime est dépouillé du bénéfice de son titre, que ce
titre n'existe pas. Il existe si bien ce titre que, si le
legs universel est susceptible d'être attaqué pour vice
de forme, ou par toute autre action plus ou moins
contestable, ce sera l'héritier légitime auquel ap-
partiendra cette action et qui devra l'exercer.

Il faut donc reconnaître que les frères et sœurs,
malgré le legs universel n'en sont pas moins toujours
les représentants de la succession légitime.

Que si, d'ailleurs, il apparait que les frères et sœurs
n'ont renoncé que moyennant un prix payé par les
ascendants, la loi fournira, elle-même, un moyen facile de déjouer cette fraude ; on considérera cette renonciation comme une acceptation, art. 780.

Nous pouvons dire, en terminant, bien que ceci ne
se rattache qu'indirectement à notre sujet, que, si au
lieu de supposer un legs universel fait au profit du
conjoint nous supposions plusieurs legs à titre universel faits tant au profit du conjoint qu'au profit
d'autres légataires, absorbant le patrimoine tout entier, la question ne serait plus douteuse, et que très-
certainement la renonciation des frères et sœurs, ou
neveux, dans un cas semblable, donnerait ouverture
au droit de réserve des ascendants. En effet, ils se
trouvent saisis de toute la succession, tenus de con-
sentir la délivrance des legs, et même, d'après un
système, tenus envers les créanciers, sauf leur recours
contre les légataires.

Le législateur, en nous disant que l'époux sans enfants peut donner à son conjoint, outre la quotité disponible ordinaire, l'usufruit de la réserve des héritiers

se sert d'un terme impropre. Le mot *héritiers*, est beaucoup trop large ; il eut fallu dire, *des ascendants*, puisque les ascendants seuls et les descendants ont droit à une réserve. Cette mauvaise rédaction doit s'expliquer historiquement. Dans le premier projet du Code, le disponible était : 1° du quart des biens, si le disposant laissait des descendants, sans aucune considération de leur nombre ; 2° de la moitié, s'il laissait des ascendants, des frères ou sœurs ou descendants d'eux ; 3° des trois quarts, s'il laissait des oncles, grands oncles, ou cousins germains ; 4° enfin, de la totalité à défaut des parents ci-dessus exprimés. Comme on le voit, une réserve était donnée non seulement aux ascendants, mais aussi à un grand nombre de collatéraux ; et dès lors, cette expression, *héritiers*, se comprenait parfaitement. Mais, aujourd'hui, elle est devenue trop vague, en ne pouvant plus s'appliquer qu'aux ascendants.

Remarquons, en terminant, que, en présence d'ascendants, la quotité disponible entre époux est plus considérable que la quotité disponible en faveur d'un étranger.

SECTION DEUXIÈME.

De la quotité disponible entre époux lorsqu'ils ont des enfants communs.

Les époux qui ont des enfants communs, peuvent se donner, nous dit l'article 1094, « *ou un quart en propriété, et un autre quart en usufruit, ou la moitié de tous leurs biens en usufruit seulement.* »

Ainsi donc, tandis que le premier alinéa de l'article se réfère à la quotité disponible ordinaire de l'art. 915, sauf un empiétement en usufruit sur la réserve des ascendants, notre second alinéa détermine une quotité disponible dont le chiffre ne concordé pas avec celui de l'art. 913.

Précisément, pour cette raison, une grande difficulté s'élève sur notre article : la quotité déterminée par le deuxième alinéa de l'art. 1094 est-elle la seule que l'époux puisse jamais donner, ou bien forme-t-elle, avec la quotité ordinaire de l'article 913, une alternative dont le choix appartient à cet époux. Est-ce une quotité invariable qui sera, selon les cas, plus ou moins étendue que celle de l'article 913 ; ou bien, est-ce une simple faculté, un bénéfice dont l'époux usera, s'il le veut, mais qu'il sera toujours libre d'abandonner, pour rester dans le droit commun ?

Voilà la question posée ; reste à l'examiner.

Après de grandes hésitations, nous nous sommes décidés pour l'affirmative ; et nous pensons, malgré les autorités puissantes du système contraire, entre autres celle de M. Benech dont il est imposible de ne pas prononcer le nom, en traitant un pareil sujet, que la quotité disponible, dont il est question dans le deuxième alinéa de l'art. 1094, est une quotité fixe et invariable. Remarquons cependant qu'elle sera, à raison même de la variation de la quotité disponible ordinaire, tantôt plus large et tantôt plus étroite que cette dernière quotité.

Par exemple, la quotité disponible entre époux est

plus étendue que la quotité disponible ordinaire, si le *de cujus* a laissé trois enfants ou un plus grand nombre, puisque le père de trois enfants ne peut donner à un étranger qu'un quart en pleine propriété, tandis qu'il peut, en outre, donner à sa femme un quart en usufruit. Elle est plus considérable encore que la quotité ordinaire, si le *de· cujus* a laissé deux enfants. Et, en effet, dans ce cas un étranger peut recevoir seulement le tiers des biens, tandis que l'époux, lui, reçoit un quart en propriété et un quart en usufruit. Or, si on estime l'usufruit, avec la jurisprudence, d'après la loi du 22 frimaire an VII, moitié moins que la pleine propriété, il en résulte qu'un quart en usufruit plus un quart en propriété valent 9/24 et qu'un tiers en propriété vaut seulement 8/24.

Au contraire, la quotité disponible entre époux est moins étendue que la quotité disponible ordinaire, si le *de cujus* ne laisse qu'un enfant, puisque le père d'un enfant peut donner à un étranger la moitié de ses biens en pleine propriété, tandis qu'il ne peut donner à sa femme qu'un quart en pleine propriété et un quart en usufruit, ou la moitié en usufruit seulement ; dans ce cas, le conjoint ne peut pas, selon nous, invoquer l'art. 913, et soutenir qu'il a le droit de maintenir sa donation, dans la limite de la quotité disponible ordinaire. D'après nous, la quotité disponible est fixée relativement à lui par l'art. 1094, et nous prétendons que l'art. 913 lui est complétement étranger.

Nous ferons d'abord remarquer, comme premier

argument, que les articles 1094 et 1098 paraissent contenir sur la quotité disponible entre époux, une exposition complète se suffisant à elle-même, et tout à fait indépendante des règles posées par le chapitre iii, du titre des donations. Toutes les situations sont prévues, et nos deux articles supposent successivement que le donateur est mort sans enfants, avec des ascendants, sans ascendants, avec des enfants communs issus de son mariage, ou enfin avec des enfants issus d'un mariage antérieur. Chacune de ces hypothèses a sa règle spéciale, ce qui exclut, selon nous, tout recours et tout emprunt à d'autres parties du Code.

Nous trouvons dans le texte même de la loi, dans les art. 1091 et 1099, des arguments en faveur de notre système. L'art. 1091 porte que « les époux pourront se faire telles donations qu'ils jugeront à propos, sous les modifications ci-après exprimées. » Que conclure de ceci, sinon que les époux ne peuvent dépasser, dans leurs libéralités, la quotité disponible de notre chapitre ix.

D'après l'art. 1099 « les époux ne pourront se donner indirectement au-delà de ce qui leur est permis par les dispositions ci-dessus. » Cet article apporte encore un témoignage en faveur de la spécialité de notre chapitre, et prouve qu'il renferme une théorie parfaitement complète, à laquelle les articles 913 à 916 doivent rester étrangers.

Répondons maintenant à un reproche de contradiction dirigé contre notre système. On nous dit : votre quotité disponible ne peut être à la fois extensive et restrictive, plus étroite que la quotité disponible ordinaire, en présence d'un enfant, plus large en présence de trois enfants ou d'un plus grand nombre ; quelle bizarrerie, quelle contradiction !

A cette objection, nous croyons pouvoir opposer une réponse entièrement décisive ; non, aucune bizarrerie, aucune contradiction n'existe dans notre système, et, pour s'en convaincre, il suffit de consulter le double but que s'est proposé le législateur. Il a voulu permettre à l'époux de pourvoir aux besoins de son époux et de lui assurer, dans tous les cas, une existence honorable, mais il a voulu aussi proscrire les libéralités excessives qui, dépassant ce but, tendraient à enrichir le conjoint, au préjudice des réservataires. Ceci nous explique pourquoi, sans aucune contradiction, le système de la quotité disponible entre époux peut être en même temps extensif et restrictif ; et maintenant nous comprendrons aussi pourquoi, à la différence de la quotité disponible ordinaire, dont le chiffre varie en raison du nombre des enfants, la quotité disponible entre époux est invariable. Qu'importe le nombre des enfants, la situation de l'époux n'en reçoit aucune influence, elle n'est ni plus ni moins critique. Et le législateur a sagement agi, nous n'hésitons pas à le dire, en restreignant la quotité disponible entre époux à la mesure nécessaire pour assurer l'avenir du conjoint. Il a fait ici ce qu'il a fait ailleurs pour les enfants naturels. Certes, les enfants naturels méritent plus de faveur qu'un étranger ; ils sont appelés à la succession *ab intestat*, et cependant on ne peut leur donner autant qu'à un étranger, précisément à cause de l'entraînement inévitable qui

conduirait à leur faire de trop grandes libéralités. Or,
n'en est-il pas de même pour les époux, n'est-il pas
évident que les donations considérables sont bien plus
à craindre, et se feront bien plus facilement au profit
d'un conjoint qu'au profit d'un étranger ? Un père,
à moins d'avoir de graves sujets de plainte contre son
enfant ne donnera pas la moitié de sa fortune à un
étranger, tandis que, si la loi ne le lui défend pas, il.
la donnera avec entraînement à la mère de ce même
enfant. Or, *lex arctius prohibet quod facilius fieri putat.*
  Ceci est donc incontestable, et qu'on ne vienne pas
dire que, si le législateur avait eu véritablement cette
pensée, il eut défendu à l'époux de recevoir jamais autant qu'un donateur étranger. Non, et pourquoi ? parce
que le législateur s'est proposé un second but, celui d'assurer l'avenir du conjoint pauvre, et qu'avec ce système
d'une logique impitoyable et inconséquente, il aurait pu
le réduire à une véritable misère. Un quart en propriété
serait insuffisant dans beaucoup de cas, c'est pour cette
raison, que la loi permet de lui donner, en outre, un
quart en usufruit, alors même que cette quotité dé-
passerait celle qui peut être donnée à un étranger [1].

---

[1] On peut dire, d'une manière générale, que, dans la législation de notre Code, la qualité d'époux est tantôt une cause
d'extension du droit et tantôt une cause de restriction, par suite
du double point de vue auquel se place le législateur craignant
des abus d'influence et voulant toutefois donner satisfaction à
la faveur légitime que mérite la qualité de conjoint. C'est ainsi,
d'une part, que les époux sont respectivement appelés à la succession l'un de l'autre ; que leurs conventions matrimoniales
échappent aux règles restrictives qui régissent les associations ;
que la prescription est suspendue en faveur de l'époux créan-

Mais remarquons, et ceci est important, que dans tous les cas où la quotité disponible entre époux est plus forte que celle d'un étranger, c'est toujours en usufruit et jamais en propriété. Encore une fois, ceci montre bien le but du législateur qui est d'assurer au conjoint survivant, une existence honorable, rien de plus.

Nos adversaires nous opposent le texte de l'art. 1094. Cet article parle au pluriel, nous disent-ils, et suppose en conséquence dans la fixation de sa quotité disponible, que l'époux se trouve en présence de plusieurs enfants. Il ne s'occupe donc pas de l'hypothèse où il n'y aurait qu'un enfant. Dans ce cas, il n'est plus applicable. L'époux peut alors demander la quotité disponible de l'art. 913. Mais cet argument aiguisé sur le texte de l'art. 1094 n'est pas sérieux. Le Code nous a habitués à des vices de rédaction trop fréquents et souvent trop graves, pour que ce pluriel, au lieu du singulier, puisse nous surprendre et servir de base, un seul instant, au système de nos adversaires. Les art. 731, 746, 753, 915, 916, 954, 1848, 1049, et beaucoup d'autres encore nous présentent des exemples de cas dans lesquels le législateur emploie indifféremment un genre l'un pour l'autre. Et puis, la solution resterait toujours intacte, pour le cas où il existe deux enfants, en supposant que l'estimation

---

cier de son conjoint, ou propriétaire d'un bien dont celui-ci est détenteur, art. 2253 ; tandis que, d'autre part, la vente est défendue entre époux, art. 1595, sauf dans trois cas, et que les donations sont essentiellement révocables au caprice de l'époux donateur, art. 1096.

de l'usufruit se fasse sur une autre base que celle fournie par la loi du 22 frimaire an VII.

Un autre argument de texte a été produit contre
nous. L'art. 1094 ne dit pas, comme les art. 913 et
1098 que l'époux *ne pourra* disposer que de la portion
qu'il détermine ; il dit seulement que l'époux *pourra*
disposer de cette portion.

Mais, cette formule nous paraît être, en réalité,
tout aussi prohitive que l'autre. Déclarer que l'époux
pourra disposer jusqu'à une certaine limite, n'est-
ce pas déclarer par *a contrario* que l'époux ne pourra
disposer au-delà. D'ailleurs, à raisonner rigoureuse-
ment et à consulter le texte de la loi, dans son ensemble, cette négation existe Il suffit de combiner la
phrase débattue de l'art. 1094 avec cette autre phrase
de l'art. 1099 : « les époux *ne pourront* se donner indirectement au-delà de ce qui leur est permis par les
dispositions ci-dessus. Or, l'art. 1099 est en corréla-
tion étroite avec l'art. 1094 dont il n'est que le développement. Il vaut même mieux que cette négation
ait été placée dans l'art. 1099 que dans l'art. 1094.
En la faisant figurer dans ce dernier article, le législateur n'eut fait que déplacer la difficulté, en ouvrant
carrière par une rédaction semblable, à une autre controverse. En effet, on aurait sans doute prétendu que
cette phrase, *l'époux ne pourra donner à l'autre
époux qu'un quart en propriété et un autre quart en
usufruit*, déterminait un maximum qui ne pouvait se
maintenir, si la quotité disponible en faveur d'étrangers était inférieure. En un mot, on aurait prétendu
ou du moins pu prétendre que l'époux n'avait le

droit de donner à son épouse un quart en propriété et
un quart en usufruit, qu'en présence d'un seul enfant ou de deux enfants, en supposant, dans ce dernier cas, qu'une estimation de l'usufruit faite en dehors des règles prescrites par la loi de frimaire an VII,
donnât une quotité disponible inférieure au tiers. En
définitive, d'après ce système que nous supposons, et qui aurait refusé à l'époux l'usufruit du quart,
en présence de trois enfants, l'art. 1094 aurait décrété
une quotité disponible toujours inférieure, jamais supérieure à la quotité disponible ordinaire.

Nous devons enfin, avant d'arriver à la grande objection contre notre système tirée des travaux préparatoires, répondre encore à quelques autres arguments invoqués contre nous.

Le premier résulte de la combinaison de l'art 902
avec l'art. 913. Nos adversaires nous disent : l'art.
902 déclare que toutes personnes peuvent se donner
ou recevoir, excepté celles que la loi déclare incapables. D'un autre côté, l'art. 913 porte que les libéralités ne pourront excéder le quart, le tiers, ou la moitié des biens, selon que le disposant laissera trois enfants ou un plus grand nombre, deux enfants ou un
seulement. Donc les époux sont capables de se donner
dans cette limite, si aucun texte ne les en déclare incapables. Or ce texte n'existe pas. A cet argument,
un seul mot de réponse : nos adversaires confon-
dent une question de capacité avec une question d'in-
disponibilité.

L'autre argument est tiré de l'esprit de la loi.
L'art. 1094 contient, disent nos adversaires, deux dis-

positions. La première étend la quotité disponible ordinaire, en permettant à l'époux qui a des ascendants, sans enfants, de donner à son conjoint plus qu'il ne pourait donner à un étranger. Cette extension s'explique par la faveur que mérite le mariage. Or, cette faveur ne doit-elle pas se maintenir également au cas où l'époux a des enfants de son mariage. N'est-il pas logique de décider que la quotité disponible extensive, dans le premier cas, doit l'être également dans le second ?

Non, cela ne serait pas logique, et cette différence entre les deux décisions de la loi a sa raison d'être dans la nature même des choses, et dans une analyse exacte des deux situations. La condition d'un époux en conflit avec des ascendants est au moins aussi favorable que celle de ces ascendants, et la loi a pu ui accorder une quotité de biens considérable, plus forte que la quotité de biens ordinaire. Mais, s'il se trouve en présence de descendants, est-ce qu'il doit être préféré à ces descendants ? Est-ce que la loi n'a pas dû protéger ces descendants contre des libéralités excessives ; en un mot, la faveur du mariage ne doit-elle pas fléchir, dans un cas semblable, devant l'intérêt des enfants ? Nous ne croyons pas nous tromper, en affirmant que cela doit être.

Maintenant, nous passons à l'étude des travaux préparatoires que nos adversaires ont voulu rendre complices de leur doctrine, en prétendant qu'elle en reçoit une éclatante confirmation. Sur ce terrain, nous nous croyons en mesure de prouver le contraire, et nous prétendons, nous aussi, invoquer, en faveur de notre système, ces mêmes travaux préparatoires.

Le projet du Code civil de l'an viii contenait deux grandes règles : 1° la quotité disponible était toujours invariable ; 2° la quotité disponible en usufruit était toujours égale à la quotité disponible en propriété, art. 16 et art. 17. Cette règle de l'invariabilité de la quotité disponible et de l'égalité du disponible en usufruit et du disponible en propriété régissait les époux comme les étrangers. L'art. 151, devenu notre art. 1094 en fait foi. Ainsi, il est acquis au débat que l'art. 151 du projet dont notre art. 1094 a reproduit exactement tous les termes, déterminait une quotité disponible invariable et indépendante du nombre des enfants. Ne sommes-nous pas autorisés à dire que cet article étant demeuré sans aucune modification, est par là même resté en possession de son ancien sens, c'est-à-dire du sens que lui donnait le projet de l'an VIII.

Mais, nous dit-on, les art. 16 et 17 du projet ont été changés. D'une part, la quotité disponible ordinaire, lorsque le disposant a des enfants, a perdu son invariabilité, et a subi une gradation déterminée par leur nombre. C'est ainsi qu'elle est devenue de la moitié, au lieu du quart, lorsqu'il n'y a qu'un enfant. D'autre part, la quotité disponible ordinaire, en usufruit, a pu dépasser la quotité disponible en propriété, et un système différent de celui que mentionnait l'art. 17 du projet a été consacré dans l'art. 917 du Code. Or, ajoute-t-on, la relation et la connexité existant entre l'art. 16 et l'art. 151 du projet, démontrent jusqu'à l'évidence que les changements apportés à

l'un ont dû nécessairement réagir sur l'autre; et puis,
l'art. 151, dans sa rédaction primitive, comparé à
l'art. 16, avait pour but d'augmenter, en faveur de
l'époux, la quotité disponible ordinaire, en lui permettant de recevoir en propriété autant qu'une personne étrangère, c'est-à-dire un quart en pleine propriété, et, en outre, par faveur, un supplément d'un
autre quart en usufruit. Comment donc, concluent
nos adversaires, avec ces précédents historiques,
pourrait-on interpréter restrictivement l'art. 1094?

Telle est pourtant l'interprétation que nous proposons de donner à cet article, et nous ne pouvons admettre le raisonnement de nos adversaires. Non, le
législateur n'a jamais dit, d'une manière absolue : il
faut que l'époux ait plus qu'un étranger ; mais seulement : l'époux doit avoir plus que le quart attribué à
l'étranger. Ensuite, il n'a jamais promis, et avec raison, que, si on venait à augmenter, dans certains cas,
le disponible fixé pour les étrangers, il faudrait aussi
augmenter, dans la même proportion, le disponible de
l'époux.

Qu'on remarque l'antithèse très-évidente des deux
alinéas de l'art. 1094. Le législateur ne nous dit pas,
dans le second alinéa, comme dans le premier, que
l'époux donateur ayant des enfants pourra donner à
l'autre époux tout ce dont il pourrait disposer en faveur d'un étranger, et, en outre, un quart en usufruit.
Non, il ne dit pas cela ; c'eût été s'engager pour l'a-
venir. Il nous donne, en chiffre, le taux de la quotité
disponible, et a soin de préciser, d'une manière absolue, sans se reporter, comme dans le premier alinéa,

à la quotité disponible ordinaire, le montant de cette quotité disponible : « un quart en propriété et un autre quart en usufruit, ou la moitié de tous les biens en usufruit seulement. »

Selon nous, cette différence de rédaction entre les deux paragraphes du même article a une signification très-grande et est vraiment révélatrice de l'intention du législateur. Dans l'opinion de nos adversaires, pourquoi n'avoir pas dit alors : « l'époux peut donner à son conjoint tout ce qu'il peut donner à un étranger, et de plus un quart d'usufruit, s'il laisse des descendants, et s'il ne laisse que des ascendants, tout l'usufruit de la réserve de ces derniers. »

Et ces inductions se confirment par l'étude des travaux préparatoires. Que fait la section de législation du tribunat, lorsque l'art. 151 du projet lui est officieusement communiqué, après les modifications qui avaient été apportées aux art. 16 et 17.

Nous citons textuellement : « Dans le cas où il y aurait des enfants, la section pense qu'il est juste qu'un époux puisse donner à l'autre tout ce dont il pourrait disposer, en propriété, c'est-à-dire autant qu'il pourrait donner à un étranger, ou la moitié de ses biens en usufruit. » *Fenet. T.* xii, *p.* 467.

En un mot, le tribunat demande précisément qu'on admette la théorie que nous combattons, et propose en conséquence de modifier, pour faire place à cette théorie, le texte de l'art. 1094. Il reconnaît donc que le texte, tel qu'il est, ne consacre pas cette théorie. Cependant, ce texte est maintenu, et lorsque le projet, après ce maintien définitif, est officiellement commu-

niqué au tribunat, le rapporteur, M. Jaubert, déclare
que : « s'il reste des enfants, l'époux survivant ne
peut avoir qu'un quart, en propriété, et un autre
quart, en usufruit, ou la moitié de tous les biens en
usufruit seulement ; et que, si la disposition avait
excédé ces bornes, elle serait réduite proportionnellement. »

M. Bigot Préameneu, dans son exposé des motifs
devant le corps législatif s'exprime ainsi :

« Si l'époux laisse des enfants, son affection se
partage entre eux et son conjoint ; et, lors même qu'il
serait le plus assuré que l'autre époux survivant
ferait de la totalité de sa fortune l'emploi le plus utile
aux enfants, les devoirs de la paternité sont person-
nels, et l'époux donateur y manquerait s'il les confiait à un autre. Il ne pourra donc être autorisé à
laisser à l'autre époux qu'une partie de sa fortune et
cette quotité est fixée à un quart de tous ses biens en
propriété et en autre quart en usufruit, ou la moitié
de la totalité en usufruit. Après avoir ainsi borné la
faculté de disposer, il ne restait plus qu'à prévenir
les inconvénients qui peuvent résulter des donations
faites entre époux pendant le mariage. »

Ainsi, l'orateur du gouvernement déclare que
l'art. 1094 borne la faculté de disposer à une quotité
consistant dans le quart des biens en propriété et le
quart en usufruit, ou la moitié en usufruit, et que
l'époux ne pourra laisser à son conjoint que cette
quotité.

Remarquons, en passant, que Bigot Préameneu ré-
pond à une objection qui avait été faite. Peu importe,

disait-on, qu'un homme ayant des enfants laisse plus
ou moins à la mère de ces enfants, puisque ces derniers retrouveront toujours les biens dans la succession
de leur mère. La réponse est que d'abord rien ne
prouve qu'ils retrouveront ces biens et que la mère
n'en disposera pas d'une manière ou d'une autre. On
avouera qu'il est toujours plus sûr pour les enfants
que les biens ne soient pas donnés. Mais, alors même
qu'ils seraient certains de les avoir plus tard, c'est
encore avec raison que la loi en prohibe la disposition ; car « les devoirs de la paternité sont person-
nels, et l'époux donateur y manquerait s'il les confiait
à un autre. »

C'est en vain, que nos adversaires veulent argumenter d'une observation faite, pendant la discussion
de l'art. 1098, par le conseiller d'État Berlier, en raisonnant ainsi : L'art. 1098 qui détermine la portion
de biens dont on peut disposer, en faveur d'un nouvel
époux, quand on a des descendants d'un mariage pré-
cédant n'accordait d'abord, pour ce cas, que l'usufruit
d'une part d'enfant, le moins prenant. Cambacérés
propose de permettre la disposition de cette part d'enfant, en toute propriété. Berlier trouve cette proposition juste, mais il demande pourtant qu'elle soit
modifiée: « car, dit-il, s'il n'y avait qu'un enfant
ou deux du premier mariage, et pas du second, le
nouvel époux pourrait, en partageant avec eux, avoir
la moitié ou le tiers de la succession. » En conséquence, il propose de dire que ce nouvel époux ne
pourra jamais avoir plus du quart de la succession, et
l'article est ainsi adopté.

Or, disent nos adversaires, si, au moment même où l'art. 1094 venait d'être voté, le conseil d'État n'ose pas permettre de donner à ce nouvel époux une part d'enfant purement et simplement, parce qu'il pourrait quelquefois avoir le tiers ou la moitié des biens, c'est que l'art. 1094 n'empêchait pas les époux de se donner ce tiers ou cette moitié.

Nous reconnaissons très-bien que la proposition Berlier supposait la faculté de disposer d'un tiers ou de moitié, puisqu'elle était faite pour enlever cette faculté. Mais à qui supposait-elle que ce tiers ou cette moitié pouvaient être donnés ? Au second conjoint du mariage duquel il n'y avait pas d'enfants. « S'il n'y avait qu'un enfant ou deux du premier mariage et pas du second, le nouvel époux pourrait avoir la moitié ou le tiers. »

Ainsi l'amendement suppose simplement que l'art. 1094 n'empêche pas de donner le tiers ou la moitié à un nouveau conjoint, quand il existe des enfants d'un mariage précédent. Et c'est bien naturel, puisque l'art. 1094 est entièrement étranger à ce cas qui est régi par l'art. 1098. Par conséquent, l'amendement Berlier n'a rien à voir dans notre question qui concerne uniquement les enfants communs aux deux époux. Mais, nous allons plus loin, et nous prétendons que cet amendement prouverait tout au contraire en faveur de notre système. « S'il y avait, dit Berlier, un enfant ou deux du premier mariage, *et pas du second.* »

Ces paroles prouvent jusqu'à l'évidence que l'auteur de l'amendement savait très-bien que, même au cas où sa proposition serait rejetée, l'époux n'aurait la moitié ou le tiers, que lorsqu'il n'y aurait pas d'enfants du second mariage, c'est-à-dire pas d'enfants communs, et, s'il le savait, c'est donc que l'art. 1094 refusait ce tiers ou cette moitié et ne permettait aux conjoints de se donner que le quart en pleine propriété, le quart en usufruit, lorsqu'ils avaient des enfants communs.

Le deuxième alinéa de l'art. 1094 semble renfermer une singulière alternative. Cet article, comme nous l'avons vu, après avoir permis aux époux qui ont des enfants communs de se donner le quart de leurs biens, en pleine propriété, et le quart, en usufruit, ajoute qu'ils pourront se donner la moitié de leurs biens en usufruit seulement. Que veut dire le législateur, et cette seconde disposition n'est-t-elle pas inutile ? Dire que les époux peuvent se donner un quart d'usufruit, plus un quart de pleine propriété, c'est bien dire a fortiori qu'ils peuvent se donner seulement une moitié d'usufruit. Le plus contient évidemment le moins. Comment donc expliquer cette disposition du Code ?

Faut-il penser, avec quelques jurisconsultes, que la loi, en parlant du quart en propriété, a entendu la nue-propriété, d'après ce principe qu'une disposition législative doit être interprétée dans le sens suivant lequel elle peut produire quelque effet, plutôt que dans le sens suivant lequel elle n'en produirait aucun. Nous ne le pensons pas. Comment supposer que le législateur ait entendu parler de la nue-propriété ; mais alors, au lieu de dire un quart en usufruit et un quart en nue-propriété

il eut été beaucoup plus simple de dire un quart en
pleine propriété. D'ailleurs, si le mot *propriété* opposé
au mot *usufruit* s'entend quelquefois de la nue-propriété
seulement, c'est lorsque les deux mots portent en
même temps sur le même bien. Or, ici ce n'est pas le
cas, puisque la propriété porte sur un quart et l'usufruit sur un autre quart.

La disposition de la loi doit recevoir une explication
historique. Elle n'est que l'application d'une théorie
qui, dans le projet du Code, était générale. Nous l'a-
vons déjà dit plus haut d'après le projet de l'an vııı,
la quotité disponible, en usufruit, était exactement la
même que la quotité disponible, en pleine propriété.
Ainsi, celui qui ne pouvait donner qu'un quart ou la
moitié, en pleine propriété, ne pouvait donner également qu'un quart ou la moitié, en usufruit. Il en était
pour la quotité disponible entre époux, comme pour
la quotité disponible ordinaire : les conjoints pouvaient se donner, en propriété, un quart, en y ajoutant un quart d'usufruit, ou bien, en usufruit, ce
même quart, en y ajoutant toujours un autre quar
d'usufruit.

Ce système fut plus tard abandonné et remplacé
dans le Code par la disposition de l'art. 917. D'après
cet article, le chiffre du disponible en usufruit n'est
plus calqué sur le chiffre du disponible en pleine propriété. Celui qui, ayant un enfant, peut donner à un
étranger la moitié de ses biens en pleine propriété, est
libre de lui en donner les trois quarts en usufruit ; sa
disposition ne sera pas réduite à la moitié en usufruit
comme elle l'eût été, dans le projet du Code. L'art.

917 fait les héritiers réservataires juges de leur propre
intérêt, c'est-à-dire qu'il leur donne le choix, ou d'ex-
écuter la disposition, en usufruit, telle qu'elle a été
faite, ou d'abandonner toute la pleine propriété disponible. On voit maintenant la question qui va s'é-
lever.

L'art. 917 est-il applicable aux libéralités entre
époux.

Nous n'hésitons pas sur la solution. Elle dépend
d'ailleurs de l'opinion que nous avons adoptée dans la
grande controverse précédente ; et de même que nous
avons pensé alors que l'art. 1094 ne devait pas se
combiner avec les art. 913 à 916, nous pensons également que l'art 917 ne doit pas se combiner avec
l'art. 1094. En un mot, nous croyons que l'époux, auquel un conjoint a donné l'usufruit d'une fraction de
ses biens excédant la moitié, ne peut pas exiger que
les enfants lui laissent la libéralité entière, en lui abandonnant un quart de pleine propriété et un quart d'u-
sufruit. Il est obligé de subir la réduction et de s'en
tenir à un usufruit de moitié. Ainsi, l'alternative ren-
fermée dans l'art. 1094 a pour but, non pas de permettre la disposition de la moitié des biens en usufruit,
ce qui était inutile, mais de défendre la disposition de
plus que la moitié en usufruit. Autrement la disposition serait réduite à cette moitié !

Arrivons aux preuves ; nous serons brefs. Elles sont
les mêmes que celles invoquées plus haut dans la
grande controverse sur l'invariabilité de la quotité disponible entre époux. De même que le remplacement
de l'art. 16 du projet qui consacrait l'invariabilité de

la quotité disponible ordinaire par l'art. 913 qui y a substitué la variabilité, en raison du nombre des enfants, n'a pu rendre variable la quotité disponible, entre époux, dans l'art. 1094; de même, le remplacement de l'art. 17 qui fixait à la même mesure la quotité disponible, en usufruit, et la quotité disponible, en propriété, par l'art. 917 qui établit un système tout autre, n'a pas empêché que l'art. 1094 ne fixât lui-même, toujours d'une manière distincte, les deux espèces de quotité disponible.

Le législateur, en outre, en transportant dans notre matière l'alternative de l'art. 917 se serait exposé à contrarier directement l'intention de l'époux qui souvent, on peut même dire presque toujours, n'aura entendu faire qu'une libéralité, en usufruit, dans la crainte que, s'il la faisait en pleine propriété, son conjoint, en se remariant, ne transmît ses biens à une famille étrangère.

Que décider si l'époux donateur a reproduit l'alternative de notre article, sans dire à qui la chose appartient. Ainsi, il a disposé en ces termes : « Je donne ou lègue à mon conjoint un quart de mes biens en propriété et un quart en usufruit, ou la moitié en usufruit. » Et il n'a pas dit, si c'est à son conjoint ou à ses héritiers qu'il entend laisser le choix. Il est évident que, si des autres dispositions de l'acte on peut induire, avec certitude, quelle a été la volonté de l'époux donateur, on devra l'observer. Mais si l'acte est muet sur ce point, s'il ne contient aucune indication, il faut suivre le droit commun d'après lequel, en matière d'obligations alternatives, le choix appartient au

débiteur s'il n'a pas été expressément accordé au créancier, art. 1190. On donnera donc l'option aux héritiers du conjoint.

Supposons que l'époux disposant ait légué à son
conjoint ce dont la loi lui permet de disposer, le légataire, dans ce cas, pourra réclamer un quart
en propriété et un autre quart en usufruit, et
on ne pourra le réduire à la moitié de l'usufruit
seulement. Les termes du legs embrassent dans
leur généralité tout ce dont il est permis de disposer,
et le légataire a, par conséquent, droit au plus fort
disponible.

Dans l'article 1094, il n'est question que des dispositions d'usufruit, à la différence de l'article 917
qui mentionne en même temps les dispositions de
rente viagère.

Quid, si l'époux a laissé à son conjoint une rente
viagère dont le chiffre, prétendent les enfants, excède
la quotité disponible. Comment la rente, si elle est véritablement excessive, devra-t-elle être réduite ?

Ici encore, grande division parmi les interprètes, et
trois systèmes différents: *Premier système :* l'art. 917
doit être appliqué [1]. *Deuxième système :* l'art. 917
n'est pas plus applicable aux dispositions de rente
viagère qu'aux dispositions d'usufruit entre époux.
On doit faire une estimation de la rente viagère, et la

---

[1] Ce premier système violera, dans un grand nombre de cas,
les intentions du disposant; et, en effet, très-souvent, comme
nous l'avons déjà dit, le donateur n'aura voulu faire qu'une
libéralité en usufruit, dans la crainte qu'une donation en nu-
propriété ne serve de dot à un second mariage.

réduire par comparaison à la quotité disponible la plus forte, c'est-à-dire à un quart en propriété et un quart en usufruit, mais, en lui conservant toujours son caractère viager, afin de respecter les intentions du disposant. *Troisième système :* la disposition en rente viagère doit être traitée comme la disposition en usufruit, c'est-à-dire qu'elle doit être réduite à la moitié du revenu des biens, sans qu'on procède à aucune autre estimation. C'est ce qu'il s'agit de démontrer.

Le législateur a établi deux quotités disponibles très-différentes, une quotité disponible comprenant les libéralités qui ont un caractère perpétuel, et une autre quotité disponible comprenant celles qui ont un caractère purement viager. Dans cette dernière quotité disponible, rentre la donation d'une rente viagère. La preuve en est que l'art. 17 du projet, décidant que la quotité disponible en usufruit serait égale à la quotité disponible en propriété, appliquait cette règle au don de l'usufruit ou d'*une pension.* Or, nous ne devons pas oublier que l'art. 151 devenu notre article 1094 consacrait l'application à la quotité disponible entre époux de toutes les règles régissant la quotité disponible ordinaire, dans l'art. 17, soit quant à la nature de ces règles, c'est-à-dire à l'identité entre la quotité disponible en pleine propriété et celle en usufruit, soit quant à leur portée et leur étendue, comprenant en conséquence, sous cette expression générique, donation d'*usufruit,* même les donations de pension ou rente viagère. L'erreur du second système, c'est donc de ne pas séparer ces deux quotités disponibles pourtant si essentiellement distinctes, et de consulter la première pour la détermination des limites de la seconde, quand il s'agit de réduire. Ajoutons encore un argument. Le législateur, en ne permettant, dans l'art. 1094, de donner que la moitié en usufruit, nous révèle sa volonté évidente de conserver toujours aux enfants une certaine partie des revenus dont il ne veut pas qu'ils soient privés, parce que ces revenus sont nécessaires à leur existence, et qu'ils pourraient être contraints autrement de vendre la nue propriété des biens de la succession. Et cependant quelle serait la conséquence du système de nos adversaires, c'est que la rente, d'après l'estimation qu'ils proposent, pourrait parfaitement absorber plus de la moitié de la jouissance des biens que l'art. 1094 a voulu, avant tout, assurer aux enfants. Ensuite nous finirons, en faisant remarquer que l'esprit du Code est de proscrire, en général, ces estimations d'usufruit ou de rente viagère qui sont toujours essentiellement aléatoires.

Ainsi, notre conclusion est que cette disposition en rente viagère ne peut pas plus que la disposition en usufruit dépasser la moitié des revenus.

SECTION TROISIÈME

Examen des questions relatives à la fois au cas où les époux ont des enfants communs et à celui où ils n'ont que des ascendants.

Une question commune aux deux hypothèses réglées par l'art. 1094 consiste à se demander si l'époux qui donne à son conjoint tout l'usufruit disponible,

en présence de ses héritiers réservataires, peut valablement dispenser ce conjoint de fournir la caution due
en principe par tout usufruitier. Nous pensons que,
relativement à la portion de l'usufruit qui porte sur
la réserve, cette exemption ne peut être valable, puisque la réserve légale ne peut recevoir aucune atteinte
par l'effet de la volonté du testateur. On nous oppose
l'art. 601 et l'art. 618. L'art. 601 nous dit que l'u-
sufruitier doit une caution, s'il n'en est dispensé par
l'acte constitutif de l'usufruit. Donc, disent nos adversaires, du moment que cette dispense existe, il
n'est plus nécessaire de fournir une caution. Mais ce
raisonnement est une pure pétition de principe, puisque ce qui est controversé, c'est précisément la question de savoir si le donateur peut par l'acte constitutif
de l'usufruit, dispenser son conjoint de donner caution. Nous avons dit qu'on invoquait aussi contre
nous l'art. 618. Cet article porte que : « l'usufruit
peut cesser par l'abus que l'usufruitier fait de sa
jouissance. » Nos adversaires prétendent que, puisque
cet article permet au nu-propriétaire de faire prononcer la cessation de l'usufruit dans le cas d'une
jouissance abusive de la part de l'usufruitier, ses droits
sont sauvegardés, et que, par suite, la caution devient
inutile. Nous répondrons que ce secours ne peut pas
remplacer le cautionnement ; il ne peut être considéré
que comme un supplément de garantie, puisque le
nu-propriétaire peut l'invoquer, alors même qu'il est
déjà protégé par la caution. De plus, cette ressource
n'offre qu'une sécurité bien incomplète, puisqu'elle
ne peut protéger les droits du nu-propriétaire que

pour l'avenir, sans lui assurer aucune indemnité pour les dommages accomplis. Souvent même, quand le légitimaire s'apercevra de la mauvaise administration ou de la fraude de l'usufruitier, il sera trop tard pour y remédier, et, il aura pu perdre déjà, sinon la totalité, au moins une partie notable de sa nu-propriété.

Mais, par exemple, la caution ne serait plus due, si l'héritier réservataire de l'époux donateur était l'enfant du donataire, et qu'il eût moins de dix-huit ans. Ce ne serait plus, en effet, comme donataire que le conjoint prendrait l'usufruit, mais comme usufruitier légal; et dès lors, il importe peu que ce conjoint ne puisse pas profiter de la dispense écrite dans la disposition, puisque la loi lui en fournit une autre, art. 601.

Ajoutons, comme dernier argument, que, si l'obligation de fournir caution a été, en règle générale, imposée à l'usufruitier, c'est qu'il a paru nécessaire que la conservation de la substance de la chose fût garantie au nu-propriétaire. Pourquoi a-t-on accordé au disposant la faculté de faire remise de cette caution ? C'est que ce disposant aurait pu aliéner la pleine propriété et qu'il devait, en conséquence, a *fortiori*, pouvoir disposer de l'usufruit, avec dispense de caution. Mais, dans notre cas, au contraire, celui qui dispose de l'usufruit, ne peut porter, directement ni indirectement, aucune atteinte à la nu-propriété; or, dispenser l'usufruitier de donner caution, ce serait porter une atteinte grave à la nu-propriété.

Du reste, notre ancien droit coutumier était conforme. Dans celles de nos anciennes coutumes, où le don mutuel entre époux n'était permis qu'en usufruit seulement, l'époux disposant ne pouvait pas dispenser son conjoint de l'obligation de fournir caution, quoique de droit commun, on considérât, en pays coutumier, que cette dispense était possible.

Nous devons encore, sur l'art. 1094, examiner une question importante, celle de savoir si cet article s'applique aux époux mineurs comme aux majeurs. L'époux mineur pourra-t-il donner à son conjoint toute la quotité réglée par l'art. 1094. Nous ne le pensons pas. Selon nous, l'art. 1094 ne prévoit que le cas où le conjoint est majeur, et, lorsqu'il est mineur, il faut combiner 1094 avec 904. Ainsi, l'époux mineur, âgé de plus de seize ans, ne pourra par son testament laisser à son conjoint que la moitié de la quotité de 1094, et il ne pourra lui faire aucune libéralité, par donation entre vifs; c'est qu'en effet, le danger est le même, plus grand peut-être que si le donataire était un étranger.

On nous oppose l'art. 1095 qui autorise, sous certaines conditions, le conjoint mineur à donner, par contrat de mariage, à son époux, tout ce qu'il pourrait lui donner s'il était majeur. C'est vrai, mais l'art. 1095 s'explique par un motif exceptionnel qui est d'encourager et de faciliter le mariage ; une fois le mariage conclu, ce motif n'a plus de raison d'être, et on se retrouve en présence de l'art. 904, c'est-à-dire du Droit commun.

CHAPITRE II

De la quotité disponible entre époux lorsque le donateur a des enfants d'un précédent mariage.

Nous n'étudierons pas les précédents historiques de cette théorie, auxquels nous avons consacré des chapitres spéciaux, et nous nous placerons immédiatement sous l'empire du Code.

Dans toutes les législations, sauf à Rome, à la fin de la République et au commencement de l'Empire, les seconds mariages ont été vus par la loi avec défaveur. Le Code Napoléon a suivi ces errements, et s'est inspiré du même esprit, surtout quand il reste des enfants d'une union précédente.

Une des applications de ce point de vue du législateur se rencontre dans la matière de la quotité disponible entre époux, laquelle, d'après l'art. 1098, est moindre en présence d'enfants issus d'un premier mariage que celle dont l'époux peut disposer, en présence d'enfants communs. La loi a voulu protéger les enfants d'un premier lit; sans ces précautions, leur auteur qui se remarie eut presque infailliblement sacrifié leurs intérêts à ceux du nouvel époux. C'est pour cette raison que la loi limite la quotité disponible entre mari et femme, dans le cas qui nous occupe, à une part d'enfant légitime le moins prenant, sans que cette part puisse jamais excéder le quart des biens.

Notre art. 1098 doit être interprété largement d'après son esprit. Nous croyons donc que, s'il est reconnu qu'un mariage était arrêté entre des personnes qui se sont fait une donation, on devra appliquer la règle de l'art. 1098. Mais, évidemment, il ne s'agit pas ici d'une question de droit; c'est une question de fait que les tribunaux trancheront d'après les circonstances. Ce ne sera pas toujours chose facile que de savoir si la libéralité faite, avant le mariage, l'a été ou non en considération du mariage. Il est très-possible que deux personnes se fassent une donation et s'épousent plus tard, quoiqu'elles n'eussent, au moment de la donation, aucune pensée de s'unir. Les juges devront donc être souverains appréciateurs de la bonne ou mauvaise foi des parties et observer ce grand principe que, dans le doute, la présomption est toujours en faveur de la bonne foi.

L'article 1098 dispose en ces termes : « L'homme ou la femme qui, ayant des enfants d'un autre lit, contractera un second ou subséquent mariage, ne pourra donner à son nouvel époux qu'une part d'enfant le moins prenant, et sans que, dans aucun cas, ces donations puissent excéder le quart des biens. »

Le législateur par ces mots, *une part d'enfant*, veut dire que le conjoint doit être compté pour un enfant de plus. Le législateur ajoute, *une part d'enfant le moins prenant ;* c'est-à-dire que, dans le cas où les enfants ne succéderaient pas par égales portions parce que l'un d'eux, ou plusieurs, auraient reçu des libéralités par préciput, la part que peut recevoir le nouveau conjoint se calcule, non sur la part de l'enfant préciputaire, mais sur celle de l'enfant qui reçoit le moins.

Du reste, on comprend qu'il faut entendre par *la part d'enfant le moins prenant*, celle à laquelle chaque enfant a droit et non celle qu'un des enfants pourrait avoir, en fait. Si donc, un enfant voulait bien se contenter d'une portion moindre que sa réserve, le conjoint ne se verrait pas circonscrit à cette part.

Voyons dans quels cas, l'art. 1098 est applicable. Il n'est question, dans l'art. 1098, que d'un homme ou d'une femme ayant des enfants. Que s'il n'y avait qu'un enfant ou bien des petits enfants ou autres descendants, nous n'avons pas besoin de dire que notre article s'appliquerait aussi bien dans ce cas que dans l'autre. Nous n'avons pas besoin non plus de dire que, sous ce nom générique d'enfants, le législateur comprend aussi bien les enfants légitimés que les enfants légitimes. *Quid*, quant à l'enfant adoptif? La question est gravement controversée entre les interprètes. Nous l'admettrions à se prévaloir de l'art. 1098. Un petit enfant conçu au moment du mariage de son ascendant, mais non pas encore né, pourrait aussi parfaitement, plus tard, invoquer notre art. 1098, en vertu de cette maxime : *Infans conceptus pro nato habetur, etc.* Exemple : Titius est veuf; son fils est mort laissant sa femme enceinte. Titius se remarie et sa belle-fille accouche ensuite. Le petit enfant de Titius pourra parfaitement se prévaloir de l'art. 1098.

Remarquons bien la rédaction de notre article : « L'homme ou la femme qui, ayant des enfants d'un autre lit, contractera un second ou subséquent mariage. » et concluons-en que non seulement les enfants d'un premier lit, mais encore ceux d'un second ou d'un troisième lit seraient recevables à invoquer l'art. 1098.

Qu'arriverait-il si, tous les enfants du premier degré étant morts, les petits enfants venaient à la succession du conjoint disposant, de leur chef. Nous croyons que, dans ce cas, il y aurait une représentation à l'effet de partager. Les enfants du premier lit, même renonçants à la succession, peuvent-ils, néanmoins, exercer l'action en réduction contre les libéralités faites par leur auteur à son conjoint. Nous ne le pensons pas, malgré le précédent historique de l'ancienne jurisprudence, et l'opinion conforme de plusieurs jurisconsultes modernes très-autorisés. Nous ne le pensons pas, parce que, d'après nous, la réserve fait partie de la succession et que les réservataires n'y ont droit qu'en qualité d'héritiers. Or, c'est bien d'une réserve dont il est question dans l'article 1098. D'ailleurs, nous ne voyons pas, à quel titre, sinon à titre d'héritiers, les enfants du premier lit pourraient exercer l'action en réduction. Mais, insiste-t-on, l'ancien droit, comment rédez-vous à l'argument tiré de l'ancien Droit. Oui, nous en convenons, le Droit Romain qui était en vigueur dans nos provinces de droit écrit, regardait la réserve comme une partie de la succession due à chaque enfant en leur qualité d'enfant, et non en tant qu'héritier, et l'accordait par conséquent à tous les enfants, même à ceux qui renonçaient à la succession.

La réserve particulière créée par la loi , *hac edictali*, fut soumise à cette règle générale. Or, l'édit des secondes noces ne fit qu'étendre aux pays de coutume la règle de la loi, *hac edictali*, et ces pays acceptèrent cette règle, telle qu'elle était, sans la soumettre aux principes de la réserve ordinaire. Voilà pourquoi, même dans les pays de coutume, les enfants renonçants pouvaient réclamer la réserve particulière de l'édit des secondes noces. Mais, aujourd'hui, un tel système n'est plus admissible. Tous les textes de nos lois, quelle que soit leur origine, ont la même portée et ont entre eux la même harmonie. Il est évident, dès lors, que la réserve organisée pour le cas particulier qui nous occupe, ne peut pas avoir une autre nature que la réserve ordinaire, et qu'ainsi les seuls enfants qui acceptent la succession doivent pouvoir exercer l'action en réduction des libéralités faites par leur auteur.

Ce qu'il ne faut pas oublier non plus en étudiant cet article 1098, c'est qu'il s'agit non pas d'une question de capacité, mais d'une question de disponibilité, et qu'en conséquence c'est au moment de la mort qu'il faut se placer pour reconnaître si la quotité disponible a été dépassée ou non.

Remarquons-le aussi, notre article 1098 ne restreint la faculté de disposer que contre le nouvel époux. Il est vrai que l'art. 1100 déclare certaines personnes suspectes d'interposition. Mais précisément, cette présomption d'interposition de personnes prouve que la restriction n'existe que contre le conjoint ; ce qui entraîne cette conséquence que l'époux disposant, bien qu'il ait des enfants d'un précédent mariage, et qu'il se soit remarié, n'en conserve pas moins la faculté de disposer, jusqu'à concurrence de la quotité disponible ordinaire, soit au profit des enfants de son premier mariage, soit même au profit des enfants issus de son mariage avec son nouvel époux.

Toutefois, cette liberté de disposition, jusqu'à concurrence de la quotité disponible ordinaire, a été contestée au conjoint dans une de ses applications, celle qui concerne les enfants issus de son mariage avec son nouvel époux. Et, s'il faut en croire Ricard, la même controverse existait dans l'ancienne jurisprudence ; plusieurs docteurs faisaient observer qu'il n'importe pas moins de défendre les enfants d'un premier lit contre la préférence de leur auteur, pour ses nouveaux enfants, que contre sa préférence pour son nouvel époux. Quoiqu'il en soit, la doctrine contraire, conforme d'ailleurs à la novelle 22 de Justinien, avait déjà prévalu dans notre ancien droit, nous dit Ricard, et elle doit d'autant plus prévaloir aujourd'hui que notre droit nouveau est en possession du grand principe de l'égalité entre les enfants du même père ou de la même mère, alors même qu'ils sont issus de lits différents ; compar. art. 745, 1098, 1100.

Nous conclurons aussi de ce que nous venons de dire que les enfants renonçants ou écartés comme indignes, ne doivent jamais compter pour le calcul de la quotité disponible ou de la réserve.

Un homme déclare donner à sa seconde femme une part d'enfant. Il avait des enfants lorsqu'il a disposé, mais, à sa mort, ses enfants n'existent plus. Dans ce cas, nous croyons que la femme prendrait le quart des biens, car son mari en lui donnant une part d'enfant a voulu lui faire la plus forte libéralité possible, or cette libéralité ne peut pas excéder le quart. *Quid*, si le mari déclare donner à sa femme tout ce qui sera disponible à sa mort. Dans ce cas, s'il ne reste au mari que des enfants communs et aucuns du premier lit, la femme prendra le quart en propriété et le quart en usufruit. S'il ne reste aucun enfant, elle aura toute la quotité disponible, à moins qu'elle ne se trouve en présence d'ascendants ; et encore aurait-elle, dans ce cas, l'usufruit de la réserve des ascendants. Mais, avant tout et surtout, il ne faut pas oublier que ce sont des questions d'interprétation de volonté, dans lesquelles les tribunaux sont souverains appréciateurs.

On comprend que l'époux ne pourra cumuler avec la quotité disponible de l'art. 1098, la quotité disponible ordinaire. Seulement, si la quotité disponible ordinaire est plus forte que celle de l'art. 1098, l'époux qui aura épuisé cette dernière quotité disponible en faveur de son époux, pourra encore disposer de la différence en faveur d'un étranger, ou bien s'il avait disposé d'abord en faveur d'un étranger sans épuiser la quotité disponible ordinaire, il pourrait donner le reste à son conjoint.

Supposons que l'époux ait d'abord disposé en faveur de son époux, et qu'il ait dépassé la quotité disponible de l'art. 1098, de manière à absorber même la quotité disponible ordinaire ; ce qui ne l'a pas empêché de faire plusieurs actes de disposition en faveur de personnes étrangères. Nous croyons que ces dernières dispositions doivent être exécutées, dans la mesure de la différence entre la quotité spéciale de l'art. 1098 et la quotité ordinaire, sauf aux enfants contre lesquels cette demande en exécution réfléchirait, à exercer l'action en réduction contre le nouvel époux obligé de subir une réduction proportionnelle.

Enfin, dernière règle de l'art. 1098, le second conjoint ne peut jamais avoir plus du quart des biens, de de telle sorte que, s'il se trouve en présence de deux enfants, au lieu d'avoir le tiers, c'est-à-dire une part d'enfant, il n'aura jamais que le quart. Cette limitation spéciale du droit du nouvel époux n'était pas connue par notre ancienne jurisprudence. Notons la ; elle va nous servir dans l'examen d'une controverse importante, dont nous allons aborder la discussion ; elle nous révèle quel est l'esprit de la loi, dans notre matière, esprit de restriction et d'entrave, auquel nous devons nous conformer pour résoudre les questions laissées pendantes par le législateur.

Cette controverse à laquelle nous faisions allusion tout à l'heure est celle-ci : comment doit s'entendre la règle de l'art. 1098, lorsqu'une personne qui a des enfants d'un premier lit, a passé successivement à différents mariages. Nous pensons que l'époux ne peut jamais disposer que d'une part d'enfant en faveur de ses nouveaux conjoints, c'est-à-dire que ceux-ci ne peuvent recevoir, à eux tous, que la quotité disponible déterminée par l'art. 1098. Exemple : Paul qui a un enfant d'un premier lit, donne à sa seconde femme le quart de sa fortune ; il ne pourra plus rien donner à sa troisième femme, puisque sa seconde femme a reçu le quart, c'est-à-dire le *maximum* de la quotité disponible de l'art. 1098. De même, s'il a cinq enfants, et qu'il ait donné un sixième à sa seconde femme.

Ce premier système que nous adoptons a pour lui le précédent de l'ancienne jurisprudence, et nous pouvons le placer sous le patronage éclatant de Pothier et de Ricard. L'édit des secondes noces portait, en effet, que les veuves ayant des enfants, ne pourraient donner à *leurs nouveaux maris*, au-delà d'une part d'enfant le moins prenant ; et la doctrine avait interprété ces mots, en ce sens que la femme ne pouvait donner à tous ses maris ensemble qu'une part d'enfant. Le texte de l'art. 1098 qui parle au singulier, tandis que l'édit parlait au pluriel, n'est peut-être pas aussi favorable à cette interprétation. Toutefois, nos adversaires seront bien obligés de convenir que cette expression, *à son nouvel époux*, est extrêmement générale et d'une acception qui embrasse le pluriel comme le singulier. Et puis, nous leur demanderons si rien dans le texte révèle, de la part des rédacteurs, l'intention d'abandonner la règle de l'ancien droit. Comment, ils auraient voulu innover, et nous ne rencontrerions, ni dans les textes de nos lois, ni dans les travaux préparatoires, aucune trace de cette prétendue innovation. Et puis, c'est ici que revient une observation sur laquelle nous avons insisté plus haut. Nous avons fait remarquer que le législateur en ne permettant pas que les libéralités pussent jamais dépasser le quart, s'était montré plus sévère que dans l'ancien droit, et nous avons fait pressentir quelle serait la portée de cette restriction pour résoudre plus tard, d'après l'esprit de la loi, une grande controverse qui nous restait à examiner. C'est donc le moment de dire qu'il n'est pas vraisemblable, puisque le législateur moderne s'est montré plus rigoureux, dans un sens, que le législateur de l'ancien régime, qu'il ait voulu, dans un autre sens, élargir l'ancien droit et se contredire ainsi lui-même en permettant de donner à chaque nouvel époux une part d'enfant.

D'après un second système, les rédacteurs du Code ont modifié l'ancien droit, en ce sens qu'il est permis maintenant de donner successivement à chaque nouveau conjoint une part d'enfant, pourvu bien entendu que ces libéralités réunies à celles faites à des étrangers, n'excèdent pas la quotité disponible ordinaire. Cette doctrine se fonde sur le texte de l'art. 1098 qui ne dit pas, comme l'édit de 1560, *à leurs nouveaux maris*, collectivement au pluriel, mais qui dit au contraire, *à son nouvel époux*, au singulier et individuellement. Nous avons déjà réfuté ce système.

D'après un troisième système, les derniers mots de l'article 1098, *sans que, dans aucun cas, ces donations puissent excéder le quart des biens*, prouvent d'une manière évidente que les conjoints successifs ne peuvent jamais recevoir à eux tous au-delà du quart ; mais en même temps ils prouvent aussi que ces conjoints peuvent parfaitement avoir entre eux au-delà d'une part d'enfant. Ainsi l'époux qui, ayant cinq enfants, aurait donné à sa seconde femme une part d'enfant, c'est-à-dire un sixième, pourrait encore donner à sa troisième femme la différence de un sixième à un quart. Ce système invoque donc le texte de l'art. 1098 : *sans que, dans aucun cas, ces donations*, ce qui désigne, d'après ses partisans, plusieurs donations faites par un seul époux à divers conjoints. Selon nous, ces mots sont susceptibles d'une interprétation toute différente et désignent tout simplement les donations que feront à leurs nouveaux conjoints *tous les époux* convolant à de nouvelles noces, les donations faites dans le cas dont on vient de parler. L'interprétation que nous proposons a pour elle les travaux préparatoires. *Fenet. t. XII. p.* 573.

On controverse aussi la question de savoir si l'on doit, pour déterminer la part d'enfant ou la fraction de biens à laquelle est appelé un second époux, comprendre dans le calcul les biens sujets à rapport. A l'affirmative, on oppose l'art. 857 disant que le rapport n'est pas dû aux légataires. Nous répondrons que, sans doute, le rapport ne pourrait pas être demandé par la femme ni par le mari, mais qu'une fois ce rapport fait, ils peuvent en argumenter pour calculer la part qui doit leur revenir.

Remarquons que la donation d'une part d'enfant est subordonnée à la survie de l'époux donataire à l'époux donateur, et qu'elle devient caduque par son prédécès, qu'il s'agisse d'un legs ou qu'il s'agisse d'une donation proprement dite faite par contrat de mariage, parce que, même encore dans ce cas, nous nous trouvons en présence d'une donation de biens à venir, qui a pour objet un droit éventuel de succession. Et peu importe que l'époux donataire, en prédécédant, laisse des enfants issus de son nouveau mariage; ces enfants ne lui seront pas substitués dans la donation, article 1093. Autrement, le but de la loi qui est de protéger les enfants du premier mariage serait manqué.

Quand la quotité disponible déterminée par l'article 1098 a été dépassée, la disposition n'est pas nulle; elle est seulement réductible. Nous pouvons nous demander qui peut exercer l'action en réduction. C'est dans un but de protection pour les enfants issus d'un précédent mariage que le législateur a décrété la restriction de l'art. 1098. Le droit de faire réduire les libéralités excessives ne peut donc naître que dans la personne de ces enfants, et, comme conséquence, si tous les enfants du premier lit sont prédécédés, ou renonçant à la succession, ou en sont exclus comme indignes, aucune réduction ne sera possible. Bien entendu que, une fois la réduction opérée sur la demande des enfants du premier lit, elle ne leur profitera pas exclusivement, conformément aux principes de notre ancien droit coutumier, et contrairement à ceux du droit écrit. En effet, les biens obtenus par la voie de la réduction rentrent dans la succession; or la succession qui est dévolue à des enfants se partage également entre eux, sans distinguer s'ils sont du même ou de différents lits; art. 745.

Que faut-il décider dans le cas où l'action en réduction s'étant ouverte dans la personne des enfants du premier mariage, ces enfants négligent de l'exercer ou y renoncent? Les enfants du second lit pourront-ils ou non l'exercer de leur propre chef. Nos pays de droit coutumier donnaient, sur cette question, une solution affirmative qui doit encore être admise aujourd'hui. C'est qu'en effet, du moment que le droit de réduction est né dans la personne des enfant issus du précédent mariage, le même droit s'est ou-

vert également dans la personne des enfants communs.
Il ne peut s'ouvrir que sur la tête des enfants du premier lit, mais dès qu'il est ouvert, il l'est pour tous.
Ne pas vouloir nous suivre sur ce terrain, ce serait
violer le principe que les enfants des différents lits
succèdent également entre eux, puisque les enfants du
premier mariage seraient investis d'un droit que n'auraient pas ceux du second. En supposant même qu'ils
renonçassent à l'action en réduction, ils seraient encore plus avantagés que les autres ; car cette renonciation constituerait, de leur part, une donation indirecte qui leur ferait acquérir une créance d'aliments
dont ils bénéficieraient seuls. Enfin, il ne peut pas
dépendre des enfants du premier lit d'anéantir les
droits des autres par leur renonciation. Ne voit-on pas
que la fraude serait trop facile, et la connivence trop
fréquente entre eux et le second époux. Pothier,
contrat de mariage, no 567. Ricard part. 1. n^{os}
188 et suiv. Et cette doctrine est entièrement conforme aux principes. En effet, « *non est novum in
jure, ut quod quis ex personâ suâ non habet, ex personâ
alterius habeat.* »

Nous supposons qu'une donation excessive a été
faite au nouvel époux. Une réduction est demandée,
et doit être subie. Et disons au préalable que, pour obtenir cette hypothèse d'une libéralité excessive entre
époux, il faut nécessairement supposer que l'époux a
disposé en faveur de son conjoint non pas d'une part
d'enfant — on comprend que la libéralité, dans ce
cas, ne pourrait jamais être excessive d'avance —
mais d'une certaine somme. Que va-t-on faire de

l'excédant réduit ? Faut-il le répartir, comme les biens existants au décès, entre le nouvel époux et les enfants ; ou, au contraire, doit-il être partagé entre les enfants seulement, à l'exclusion du nouvel époux. C'est au premier parti que nous nous arrêtons, malgré deux illustres adversaires, Ricard et Pothier. Qu'on ne vienne pas nous dire que l'art 921 résiste à notre système. Non, le nouvel époux ne demande pas à profiter de la réduction qui est faite. Il demande seulement qu'on ne réduise pas sa donation au-delà de ce que permet le législateur, au-delà de la part d'enfant qu'il peut légitimement recevoir. Et puis, le système que nous combattons viole l'art. 922, aux termes duquel, c'est sur tous les biens, c'est-à-dire sur la masse totale des biens existants et des biens donnés que l'on calcule, eu égard à la qualité des héritiers que laisse le *de cujus*, la quotité disponible. Or, dans votre système, ce n'est pas sur tous les biens que cette quotité est calculée, c'est seulement sur une partie des biens.

Remarquons, en terminant ce chapitre, que certains avantages qui ne seraient pas imputables sur la quotité disponible ordinaire de l'art. 913, le seront au contraire sur la quotité spéciale de l'art. 1098, en vertu des art. 1496 et 1527.

DEUXIÈME PARTIE

CHAPITRE PREMIER

Du concours de la quotité disponible ordinaire et de la quotité disponible spéciale entre époux.

La quotité disponible ordinaire peut-elle être cumulée avec la quotité disponible spéciale ? La solution de cette question n'est pas douteuse, les deux quotités ne peuvent jamais être cumulées. Pourtant, ceci a fait doute, et l'affirmative a même été adoptée par la jurisprudence de certaines Cours. Les antécédents législatifs de la question peuvent seuls expliquer une pareille erreur. En effet, l'art. 6 de la loi du 18 pluviôse an V avait déclaré formellement que « les avantages entre époux maintenus par les art. 13 et 14 de la loi du 17 nivôse an II, sur l'universalité des biens de l'auteur de la disposition, ne s'imputeraient pas sur le sixième ou le dixième déclaré disponible entre toutes personnes par l'art. 16 de la loi. »

C'est-à-dire que le cumul était reconnu valable, ce qui se comprenait, en présence d'une quotité disponible aussi faible qu'un sixième ou qu'un dixième. La loi du 4 germinal an VIII, tout en accordant une extension notable à la quotité disponible ordinaire, ne dérogea pas cependant, d'après ses propres termes, aux lois antérieures qui concernaient les dispositions entre époux.

Mais le Code civil, lui, y a dérogé ; ceci est parfaitement certain, et résulte, avec la plus complète évidence, de la manière dont est fixée la quotité disponible à l'égard de l'époux, quand le donateur laisse des ascendants. Dans ce cas, le disponible au profit de l'époux se compose de ce qui est disponible au profit des tiers, plus une addition, c'est-à-dire, en généralisant, que la portion du patrimoine disponible à l'égard du conjoint doit, dans le système de la loi, se confondre jusqu'à due concurrence, avec la portion du patrimoine dont on peut disposer à l'égard des tiers. Il est donc très certain que la quotité disponible ordinaire ne peut être cumulée avec la quotité disponible spéciale.

Mais sera-t-il toujours permis d'atteindre le chiffre du disponible le plus large, sans distinction des circonstances, pourvu que l'étranger, d'une part, et l'époux, de l'autre, n'aient rien reçu, au-delà de leur quotité respective, et qu'enfin la somme des deux donations n'excède pas la quotité disponible la plus élevée. C'est une des questions les plus difficiles et les plus controversées du Code ; elle est complexe, et sa solution doit être demandée à des distinctions nombreuses.

Supposons d'abord que la quotité la plus forte est celle des art. 913 à 915, c'est-à-dire la quotité disponible ordinaire. Aucune hésitation dans ce cas. Le donateur aura pu, en se conformant aux deux règles que nous avons posées, combiner entre elles les deux quotités disponibles, au profit de son époux et d'un tiers.

Supposons que l'époux ait dépassé la quotité disponible de l'art. 1094 en faisant une donation à son conjoint. Qui pourra demander la réduction ? D'après nous, les enfants réservataires seulement. Et nous croyons que c'est une grave erreur de permettre, comme le fait M. Troplong, contrairement à l'article 921, au légataire lui-même de demander cette réduction. Mais il pourra demander valablement aux héritiers réservataires du *de cujus*, l'exécution de son legs, sauf le droit pour ceux-ci d'agir en réduction contre l'époux. Permettre au légataire de demander lui-même cette réduction, ce serait violer ouvertement le principe, d'après lequel les donataires et les légataires ne peuvent demander la réduction ni en profiter. Art. 921.

Arrivons au cas où c'est la quotité disponible spéciale de l'art. 1094 qui est la plus élevée. Remarquons que l'art. 1098 doit être écarté du débat, puisque la quotité disponible entre époux ayant des enfants d'un précédent mariage, n'est jamais plus considérable que la quotité disponible ordinaire.

Dans cette hypothèse, il faut distinguer trois cas : 1° La donation faite à l'étranger est antérieure à celle du conjoint. 2° Les deux donations sont simultanées. 3° La disposition en faveur du conjoint est antérieure à la donation faite à l'étranger.

I. La libéralité faite à l'étranger est antérieure à celle faite à l'époux : un père de famille qui a trois enfants donne à un étranger la quotité disponible ordinaire de 913, c'est-à-dire un quart. Pourra-t-il postérieurement donner à son conjoint l'excédant de la quotité de 1094 sur 913, c'est-à-dire un autre quart en usufruit [1]. Il le pourra, et nous ne pouvons admettre cette prétendue théorie de l'unité et de l'indivisibilité de la quotité disponible spéciale consacrée par l'art. 1094, que certains auteurs invoquent contre nous. Et, en effet, ils s'appuient sur un raisonnement absolument faux. Ils disent : ce quart en usufruit, qui dépasse la quotité disponible ordinaire, n'est qu'un supplément du quart en pleine propriété, en un mot, un accessoire qui ne peut être séparé de son principal. C'est bien ce que prouve le mot, *en outre*, employé par la loi ; donc l'époux doit absorber le disponible ordinaire, pour pouvoir recueillir le disponible extraordinaire. Nous répondrons d'abord au dernier argument, et nous ferons observer que ce mot, *en outre*, veut tout simplement dire que le conjoint peut être avantagé, au-delà de la limite ordinaire. Ensuite, personne ne conteste que l'époux, qui n'a pas fait de donations à un étranger, puisse scinder la quotité disponible de l'art. 1094, de manière à donner au conjoint un quart en usufruit seulement. Or, si le principe dont argumentent nos adversaires était vrai, ils seraient contraints de refuser ce droit à l'époux. Enfin, rien ne révèle une pensée semblable de la part du législateur, et, comme l'a fait parfaitement observer la Cour de cassation, dans un arrêt de rejet du

[1] Il pourrait très-valablement aussi, d'après nous, donner un quart en usufruit à l'étranger, et un quart en pleine propriété au conjoint. Ce serait aussi valable que la donation d'un quart en pleine propriété, en faveur de l'étranger, et d'un quart en usufruit, en faveur du conjoint.

3 janvier 1826, on ne peut combattre avec des considérations, un texte de loi qui ne présente ni doute, ni obscurité.

II. Les deux libéralités sont simultanées ; voici un exemple: Un homme, qui a trois enfants, lègue la moitié de l'usufruit de ses biens à sa femme, et un quart de nu-propriété à un étranger. Ou bien, un homme sans enfants, mais dont le père vit encore, laisse un testament par lequel il lègue à son neveu les trois quarts de sa fortune, et à sa femme l'usufruit du quart réservé à son père. Nous soutenons que ces deux legs ne doivent pas être réduits, puisque réunis l'un à l'autre ils n'excèdent pas la quotité disponible la plus forte, et que chacun d'eux pris séparément ne dépasse pas non plus les limites de ce qu'un étranger ou un époux peut recevoir. On nous oppose deux moyens: D'abord, nous dit-on, comme sur la première hypothèse examinée par nous, la quotité disponible spéciale de l'art. 1094 est une et indivisible. Le supplément de cette quotité, sur la quotité disponible ordinaire, est son accessoire qui ne peut en être séparé. Nous nous contenterons, comme réponse, de renvoyer à celle que nous avons faite tout à l'heure.

Mais, au moins, nous dit-on, faut-il distinguer dans quel ordre les dispositions ont été faites. Le *de cujus* a d'abord disposé par testament de la quotité ordinaire, en faveur d'un étranger, et ensuite de l'usufruit supplémentaire, en faveur de l'époux. Dans ce cas, pas de difficulté. Il a pu le faire valablement. Tout se passe, comme dans l'hypothèse où il fait une pre-

mière donation à un étranger, une seconde donation
à son époux. Mais, supposons que l'époux ait com-
mencé par attribuer à son épouse l'usufruit de la
réserve qui appartient à l'ascendant. La solution
ne doit plus être la même . C'est qu'en effet, ce
supplément en usufruit ne peut concerner que l'é-
poux. Il est seul favorisé et peut seul en profiter ; ce
supplément doit donc être imputé sur la quotité disponible des articles 913 et suivants ; dans ses rapports
avec les autres légataires, l'époux doit être considéré
comme un étranger, et c'est absolument comme si le
de cujus avait d'abord disposé de l'usufruit en faveur
d'un étranger.

A cette argumentation, nous avons plusieurs réponses : et d'abord l'art. 926, dont il résulte que la
réduction doit être faite, au marc le franc, sur toutes
les dispositions testamentaires, sans qu'il y ait lieu de
considérer la place qu'elles occupent dans l'acte, en
se demandant si c'est la première ou la seconde, con-
damne radicalement votre système.

Et puis ensuite, en consultant le fond des choses,
est-ce que vraiment une pareille distinction n'est pas
tout à fait arbitraire? a-t-elle une raison d'être sérieuse, et croyez-vous que cette priorité de rang dans
l'écriture révèle véritablement une préférence de la
part du testateur? Certes non ; et quoiqu'on en dise,
la question n'est pas plus délicate si les legs ont été
écrits dans plusieurs testaments distincts. Ici encore,
nos deux réponses s'appliquent avec la même force et
la même énergie.

III. La libéralité faite au conjoint est antérieure à

celle faite à l'étranger. Un père de famille a donné à sa femme l'usufruit de la moitié de ses biens ; peut-il postérieurement donner un quart en nu-propriété, à un étranger ? ou bien encore, il a donné à sa femme un quart en pleine propriété, peut-il donner ensuite à un étranger un quart en usufruit.

Sur cette question, trois systèmes se sont produits, dont deux radicaux, l'un dans le sens de l'affirmative, l'autre dans le sens de la négative, tandis que le troisième distingue entre le cas où c'est une disposition en usufruit dont a été gratifié le conjoint, et celui où c'est une diposition en pleine propriété qui lui a été faite.

La Cour de cassation décide constamment la négative, mais les Cours d'appel, celles du midi surtout, protestent par leurs arrêts contre cette jurisprudence. En effet, l'affirmative nous semble mieux fondée, et nous nous prononcerons même pour l'affirmative d'une manière absolue, en repoussant le système de distinction proposé par M. Demolombe.

Nous décomposerons la situation, pour rendre nos explications plus claires, et nous supposerons d'abord ceci : Paul a donné, par contrat de mariage, à Mathilde, sa femme, l'usufruit de la moitié des biens qu'il laissera à son décès Il meurt ayant trois enfants, et laisse à l'un d'eux sa quotité disponible, c'est-à-dire la nu-propriété du quart de ses biens. Ce legs recevra-t-il son effet ? En un mot le testateur n'a-t-il pas épuisé sa quotité disponible par la première disposition.

La Cour suprême décide, par une jurisprudence

constante, que cette quotité disponible a été épuisée, et qu'aucune disposition ultérieure, en conséquence, ne saurait valoir.

Nous protestons avec la doctrine énergiquement contre un pareil système. Quoi donc, si je donne exclusivement à mon conjoint, vous me permettez d'épuiser la plus forte quotité disponible de l'art. 1094, tandis que, si légitimement préoccupé du sort d'un ou de plusieurs de mes enfants, je veux aussi leur faire une donation, je serai contraint de me renfermer dans les limites de l'art. 913. N'est-ce pas absolument contraire à l'esprit de la loi.

Mais, on nous oppose que l'étranger ne peut pas profiter de l'extension de quotité disponible établie par l'art. 1094, en faveur de l'époux. L'époux, dans ses rapports avec les enfants ou un étranger, n'est lui même qu'un étranger. Nous répondons que non, qu'il est impossible de faire ainsi abstraction complète de l'époux, et de l'art. 1094, qu'il y a là une situation qui commande certaines conséquences ; que dans le cas où le testateur aurait disposé par testament, en faveur de son époux et d'un étranger, la Cour de cassation reconnaît bien l'influence sur une telle situation de la présence d'un époux, et qu'elle se contredit par conséquent elle-même, en niant absolument, dans notre cas, cette influence. Comment comprendre une doctrine d'après laquelle nos deux dispositions sont valables, si elles sont simultanées ou si la disposition en faveur de l'enfant est la première, tandis qu'au contraire, si la première disposition est celle en faveur de l'époux, l'autre ne peut valoir.

C'est en vain qu'on nous oppose que la première libéralité doit toujours s'imputer sur le disponible de l'art. 913, soit qu'elle s'adresse au conjoint ou à un étranger, et qu'une fois ce disponible ordinaire épuisé, il ne reste plus que le crédit extraordinaire de 1094, qui n'est pas ouvert pour l'étranger. Nous croyons, au contraire, que chaque libéralité doit s'imputer d'abord sur celle des portions disponibles à laquelle elle se rapporte. Ainsi, le don fait à un enfant ou à un étranger s'impute sur la quotité de 913, et celui fait au conjoint sur la quotité de 1094. Telle est évidemment l'intention du disposant, alors même qu'il ne l'a pas exprimée ; et il n'y a pas à rechercher si la donation de l'époux est antérieure ou postérieure à celle de l'étranger. Du moment que l'un des époux dispose d'une quotité de sa fortune, au profit de l'autre, ce n'est plus 913, c'est 1094 qui contient la limite de la faculté de disposer. Il est évident que l'étranger ne peut pas se prévaloir de l'art. 1094 qui n'est fait que pour l'époux ; aussi ne l'invoque-t-il pas. Il se fonde toujours sur l'art. 913 dont le disposant n'a pas usé. La donation faite à l'époux repose sur l'art 1094 ; et le disponible de cet article n'a pas été épuisé, précisément afin de rendre possible, à son tour, l'application de 913, dans les limites combinées des deux articles.

On prétend, en second lieu, se conformer ainsi, dans l'interprétation, à la pensée véritable de l'époux donateur, prétention très-fausse d'après nous. Est-il vraisemblable, en effet, que le testateur ait voulu se lier les mains pour l'avenir ; et d'ailleurs, la question

de priorité n'est intéressante qu'autant qu'il y a lieu à
réduction. Or, il n'y a lieu à réduction qu'autant que
la quotité disponible a été dépassée, ce qui ne se présente pas, dans notre hypothèse.

N'est-il pas naturel, d'ailleurs, de commencer par
donner à son conjoint, avant de donner à ses enfants.
Car, c'est très-ordinairement à ses enfants qu'on fera
la libéralité. Or, avant d'être père, on est époux. On
ne peut faire de libéralités à des personnes qui n'existent pas encore. Dans le midi de la France, par exemple, presque toujours les époux se font, par leur contrat de mariage, une donation réciproque de l'usufruit de la moitié de leurs biens. Si le donateur a trois
enfants de son mariage, sa faculté de disposer serait
donc entièrement épuisée? ce n'est pas possible. N'est-
il pas juste que l'époux ayant donné à sa femme une
partie de la quotité de l'art. 1094, puisse encore récompenser un bienfait, ou réparer les inégalités que le hasard a pu établir entre ses enfants, et qu'il n'a pas
prévues, lors de la donation. Si on lui refuse ce droit,
on détruit la puissance paternelle ; on brise, dans les
mains du père de famille, le pouvoir si moral dont
il est nécessaire qu'il soit investi ; car on lui en-
lève tous les moyens de récompenser ou de punir ses
enfants, de donner, suivant l'expression de l'orateur
du gouvernement, des consolations à ceux qui éprou-
vent les disgrâces de la nature ou les revers de la fortune. Enfin, décider autrement, c'est créer une exception au principe que la portion disponible est divisible ;
or on sait qu'il n'y a d'exceptions que celles écrites
dans la loi. En vain voudrait-on trouver cette excep-

tion dans les mots, *en outre*, de l'art. 1094, ces mots signifient simplement que la quotité disponible spéciale peut être donnée à l'époux, fût-il déjà légataire de la quotité disponible ordinaire.

De plus, dans le système de nos adversaires, on change arbitrairement et illégalement la nature de la disposition. Un homme donne à sa femme la moitié de ses biens en usufruit ; comment raisonne-t-on pour prétendre qu'il ne peut rien donner à un étranger ? On dit que, si le bénéfice spécial au conjoint n'avait pas existé, la donation à lui faite de moitié en usufruit se serait trouvée excessive, et aurait été transformée par l'héritier, en un quart de pleine propriété ; qu'ainsi tout le disponible ordinaire aurait été épuisé ; que dès lors la seconde donation n'aurait pas été possible, et que par conséquent ce serait faire profiter l'étranger du bénéfice réservé aux époux, que de maintenir cette seconde donation.

Nous ne saurions admettre ce raisonnement. Quand le disposant a fait un acte qui lui était permis, on n'a pas le droit de dire qu'il l'aurait fait également, s'il lui avait été défendu. Si l'acte a été fait, si on a donné moitié d'usufruit, c'est que la loi le permettait : l'acte est parfaitement légal, et doit dès lors être exécuté, tel qu'il est. En agissant autrement, on viole l'article 1094, et on anéantit les droits du disposant, en dénaturant la libéralité qu'il était autorisé à faire, comme il l'a faite. La loi permet de donner à son conjoint la moitié des biens en usufruit ; on ne peut pas transformer arbitrairement cette disposition en une donation du quart en propriété.

Il y a encore un autre motif qui ferait rejeter ce système, c'est qu'il résulte des dispositions du Code que la loi a entendu proscrire en général, et autant que possible, l'évaluation de l'usufruit en propriété, art. 917 et 1094. Et cette évaluation présenterait des inconvénients d'autant plus graves que, dans la plupart des cas, elle mettrait en présence l'époux et ses enfants, c'est-à-dire qu'elle pourrait être le principe de très-sérieuses discussions dans la famille. Et puis, on l'avouera, il est étrange d'estimer invariablement l'usufruit, à la moitié de la pleine propriété. Ce mode peut se comprendre pour la perception des droits d'enregistrement, mais comment admettre qu'un usufruit établi sur une tête de quatre-vingts ans, ait la même valeur qu'un usufruit qui appartient à un homme de vingt-cinq ans. C'est une manière d'estimation commode, mais qui vraiment n'a rien de sérieux. Pour être dans la vérité, la valeur de l'usufruit comparée à celle de la propriété devrait toujours se déterminer d'après les circonstances particulières à chaque espèce. C'est donc à tort qu'on transforme en don de propriété un don d'usufruit qui, d'après la loi, était fait valablement à un conjoint.

Supposons maintenant que la disposition faite, en faveur de l'époux, a pour objet la propriété de la quotité disponible.

Voici un exemple : Paul a donné par contrat de mariage à Berthe, sa femme, un quart de ses biens en pleine propriété ; il meurt, laissant trois enfants, et lègue à l'un d'eux l'usufruit d'un quart de ses biens. Ce legs sera-t-il valable, ou au contraire sera-t-il nul?

Parmi les interprètes, les uns s'inscrivent contre la validité avec la jurisprudence ; les autres, au contraire, dont l'opinion nous paraît beaucoup plus sérieuse, tiennent pour la validité de la disposition. Remarquons, et ceci est très important, que, dans le rang des premiers interprètes, en un mot des partisans de la nullité, nous rencontrons des auteurs qui cependant se séparaient d'eux sur une autre question étrangement connexe à celle-ci, celle dont nous venons tout-à-l'heure d'achever l'explication, la question de savoir si, en supposant une disposition de moitié des biens en usufruit adressée à un époux par son époux, et suivie d'une disposition d'un quart en nu-propriété adressée à un étranger ou à un enfant, cette dernière disposition d'un quart en nu-propriété sera valable et devra être maintenue. Et cependant, nous le répétons, ces mêmes auteurs qui déclarent cette disposition valable, font au contraire cause commune, dans cette seconde partie de la question, avec leurs anciens adversaires, et prononcent, comme eux et avec eux, la nullité de la disposition en usufruit adressée à un étranger ou à un enfant. Nous allons leur demander compte de leur opinion, et notre meilleure critique sera l'examen des conséquences qu'elle produit.

Nous ferons d'abord observer que l'enfant, dans notre système, ne demande pas du tout, quoiqu'en disent nos adversaires, à se prévaloir de l'art. 1094 qui n'est fait que pour l'époux. Non, il ne l'invoque pas ; il se fonde toujours sur l'art. 913 dont le disposant n'a pas usé. La donation faite à l'époux repose sur l'art 1094, et le disponible de cet article n'a pas été épuisé précisément afin de rendre possible à son tour l'application de 913.

Nous ajouterons que nos adversaires nous paraissent envisager la question d'une manière trop étroite et trop restreinte, en ne considérant que les droits respectifs de l'époux et des tiers donataires, tandis qu'on doit aussi et surtout consulter ceux du disposant.

Nons ne sommes pas non plus touchés de cette considération consistant à dire qu'il importe aux enfants de voir donner l'usufruit plutôt à l'époux qu'à un étranger ou un autre enfant, parce que cet époux étant en possession d'un usufruit lucratif ne pourra former contre eux aucune demande en pension alimentaire. Nos adversaires ont tort de raisonner ainsi. D'abord l'époux pourrait vendre son usufruit ; ensuite cet usufruit pourrait être saisi par les créanciers. D'ailleurs, dans notre système, l'intérêt des enfants est mieux sauvegardé. On comprend qu'il vaut mieux pour eux que la propriété des biens soit attribuée à leur père ou à leur mère, dans la succession desquels ils la retrouveront à moins d'une aliénation peu probable, que si elle était attribuée à un étranger sur la succession duquel ils ne pourraient prétendre aucun droit.

Nous arrivons maintenant aux conséquences du système de nos adversaires. Paul qui a trois enfants lègue à Marie, sa femme, un quart en pleine propriété, et à un étranger un quart en usufruit. D'après nos adversaires, ces deux dispositions sont excessives et doivent être réduites. L'art. 926 s'applique donc, c'est-à-dire qu'elles seront proportionnellement réduites. Ainsi, on voit la conséquence ; l'époux qui n'a reçu qu'un quart en pleine propriété, tandis qu'il pouvait recevoir en outre, un quart en usufruit, sera soumis à une réduction pour n'avoir pas reçu tout ce qu'il pouvait recevoir.

Autre conséquence, nous allons changer un peu l'hypothèse. Paul qui n'est pas marié, donne à un de ses amis, sur ses biens, l'usufruit du quart. Il se marie ensuite et donne à sa femme par contrat de mariage un quart de ses biens en pleine propriété. Cette seconde donation étant postérieure subira seule la réduction.

Seulement, d'après nous, bien que la disposition d'un quart en usufruit, en faveur d'un étranger soit parfaitement valable, cependant cet usufruit, quant à sa durée, sera établi sur la tête du conjoint, et non sur celle de l'enfant ou de l'étranger. En effet, le législateur a dû prendre en considération l'âge probable du conjoint, en autorisant cet excédant d'un quart en usufruit sur le disponible ordinaire, et, à cet égard, une interversion n'est pas possible.

Ici encore viennent trouver place plusieurs arguments que nous avons déjà invoqués, dans une controverse précédente ; c'est d'abord que la crainte de détruire pour l'avenir sa faculté de disposer, pourrait quelquefois paralyser les intentions libérales du conjoint. Ensuite, il est évidemment de l'intérêt du donateur qu'on maintienne en sa faveur le disponible le plus considérable, afin qu'il puisse, après avoir gratifié son conjoint, récompenser ou punir ses enfants par une répartition éclairée du disponible.

D'ailleurs nos adversaires, pour être logiques avec
eux-mêmes, devraient généraliser leur raisonnement
et l'appliquer aussi à l'hypothèse inverse, celle où
l'époux est moins bien traité que l'étranger, en supposant que le premier donataire soit précisément l'étranger et que la donation à lui faite épuise la quotité disponible spéciale dont il est permis de diposer en faveur
de l'époux, sans épuiser la quotité ordinaire, de telle
sorte que cet époux ne pourrait bénéficier de l'excédant en quotité disponible ordinaire sur la quotité
disponible spéciale. Ainsi, prenons une hypothèse :
le donateur a un enfant, il donne à un étranger un quart
en propriété et un quart en usufruit. Nos adversaires
devraient décider, pour être conséquents avec eux-
mêmes, qu'il ne pourra donner plus tard un quart en
nu-propriété à son conjoint, art. 1094. Ou bien encore,
le donateur a quatre enfants d'un premier lit. Il
pourrait en faveur d'un étranger d'un quart. Il ne dispose en sa faveur que d'un cinquième. Nos adversaires
ne devraient pas lui reconnaître le droit de donner
ensuite à son conjoint la différence entre un cinquième
et un quart, c'est-à-dire un vingtième art. 1098. Et
cependant, ils n'ont pu se résoudre à aller jusque-là.

CHAPITRE DEUXIÈME

De l'application des principes sur la réduction aux libéralités entre époux, combinées avec des libéralités ordinaires.

Il nous reste maintenant à examiner de quelle manière on doit procéder à la réduction des dispositions en faveur d'un enfant ou d'un étranger, et de celles en faveur du conjoint, lorsqu'elles sont en effet réductibles.

Aucune difficulté ne se présente, lorsque les diverses dispositions ont des dates différentes. Si chacune d'elles résulte d'une donation entre-vifs spéciale, on appliquera l'art. 923, c'est-à-dire qu'on procédera en réduisant la dernière donation, et en remontant ainsi des dernières aux plus anciennes ; si les unes résultent de donations entre-vifs, et les autres de testaments, aux termes du même art. 923, on ne réduira les donations entre-vifs qu'après avoir épuisé la valeur de tous les biens compris dans les dispositions testamentaires [1]. Jusque là, aucun doute ne s'élève. Le seul cas qui

---

[1] Remarquons qu'on n'est nullement autorisé à conclure, de ce que le donateur a attribué des libéralités excessives à des étrangers, qu'il a entendu révoquer la donation faite à son époux, à moins que ces donations ne portent sur les objets mêmes dont il avait précédemment disposé. Mais autrement, il est très-possible que le donateur se soit abusé sur la valeur de sa fortune. *Sæpe enim de facultatibus suis amplius quam in his est homines sperant.* (Inst. I. 6, § 3.)

puisse présenter quelque difficulté, est celui où les diverses libéralités ont la même date, parce qu'elles sont écrites dans un même acte de donation, ou dans des testaments. Peu importe qu'il y ait un ou plusieurs testaments, puisque les diverses dispositions testamentaires, à quelque époque qu'elles aient faites, datent toujours du décès ; mais il faut, bien entendu, s'il y a plusieurs testaments, que les testaments postérieurs ne révoquent les premiers, ni expressément, ni tacitement.

Dans cette dernière hypothèse, comment procèdera-t-on? Les libéralités faites au conjoint et à l'étranger ont la même date, et, bien que chacune reste dans ses limites particulières, elles dépassent cependant par leur réunion, le disponible le plus élevé. De quelle manière opérera-t-on la réduction? La difficulté vient de ce que les deux libéralités ne sont pas soumises toutes deux à la même mesure, mais assujetties au contraire à subir, chacune, la loi d'un *maximum* spécial et différent. Rien n'est plus simple, dans les cas ordinaires que de déterminer en quoi l'ensemble des libéralités dépasse le disponible, puisque la mesure du disponible est la même pour tous les légataires, mais ici chacun d'eux étant soumis à une règle différente, ce qui sera excessif par rapport à l'un d'eux ne le sera pas par rapport à l'autre et réciproquement. Telle est la grande difficulté que rencontre la solution de notre problème. Plusieurs systèmes ont été proposés, nous mentionnerons les trois principaux.

Premier système. — Avant tout, on doit transfor-

mer les valeurs d'usufruit, en valeurs de propriété,
afin de pouvoir opérer sur des quantités identiques.
Ensuite, on réduit les valeurs proportionnellement au
marc le franc, d'après le plus fort disponible. Ainsi,
si c'est un époux ayant trois enfants qui a outrepassé
par un legs fait à un étranger et un legs fait à son
conjoint, le disponible de l'art. 1094, c'est-à-dire un
quart en propriété et un quart en usufruit, la réduction des deux legs aura lieu, d'après cette dernière
quotité disponible plus forte que la quotité disponible
ordinaire, laquelle est d'un quart seulement, comme
on sait.

Ou bien, c'est un époux remarié qui a excédé, en
faisant deux legs, l'un à un étranger, l'autre à son époux
la plus forte quotité disponible, c'est-à-dire, dans
l'espèce, la quotité disponible ordinaire. Nous supposons qu'il a quatre enfants de son premier mariage
et qu'il a légué par exemple au second conjoint un
sixième et un autre sixième à l'étranger. On réduira
les legs, d'après la quotité disponible du quart, et non
d'après celle du cinquième ; en un mot, encore, d'a-
près la quotité disponible la plus forte.

Ce système ne peut se soutenir, d'après nous. Il
encourt un grave reproche, c'est de faire profiter
le légataire du plus faible disponible, du supplément
de disponible accordé à l'autre légataire. Ainsi, dans
le premier exemple que nous avons donné, l'étranger
profite, d'une manière indirecte, de l'excédant du disponible, en faveur de l'époux, sur le disponible ordinaire ; tandis que, dans le second exemple, c'est au
contraire l'époux qui profite de l'excédant de dispo-

nible ordinaire sur le disponible spécial. Nous croyons donc que ce premier système est ainsi condamné par ses propres conséquences. C'est en vain que M. Troplong allègue, pour sa défense, qu'il respecte profondement la volonté du testateur, dont l'interprétation naturelle, surtout lorsque les deux legs sont égaux, est qu'ils doivent être maintenus, dans la même proportion, tous les deux ; il ne peut appartenir au testateur de changer ainsi ce que le législateur a fait, et de dénaturer les attributions de quotité disponible, en communiquant à un légataire le bénéfice d'une faveur exclusivement réservée à son co-légataire.

Deuxième système. — On réduit toutes les donations indistinctement d'après le plus faible disponible, et puis on attribue exclusivement au légataire qui pouvait recevoir la plus forte quotité, la différence entre les deux disponibles. A l'inverse du premier système, ce second système accorde trop au légataire du plus fort disponible et n'accorde pas assez au légataire du plus faible, il fait souffrir en effet ce second légataire du concours intégral d'un legs qui s'exécutera ensuite, pour partie, sur un disponible spécial.

Troisième système. — On retranche, sur ce qui a été donné au légataire du plus fort disponible, l'élément personnel et privilégié, et on l'impute sur la quotité propre à ce légataire. Puis on fait concourir son legs ainsi réduit, avec les autres legs, sur la quotité disponible ordinaire et commune, et l'on distribue entre tous les légataires une masse à laquelle ils ont autant de droit l'un que l'autre. Quand la réduction proportionnelle est ainsi opérée, on ajoute à la part du premier légataire la différence entre les deux disponibles.

Toutes les fois qu'il y aura lieu, pour la réduction, à une estimation de l'usufruit, on y procèdera d'après nous, non pas en se conformant à l'art. 14 de la loi du 22 frimaire an VII. Cette loi de frimaire, qui fixe invariablement, sans tenir compte des circonstances, la valeur de l'usufruit à la moitié de la valeur de la propriété, est une loi fiscale qui ne doit pas être détournée du but pour lequel elle a été faite, celui de faciliter la perception des droits fiscaux. Mais, dans notre matière, il est évident que l'âge du conjoint donataire, que la nature des biens laissés par le défunt doivent être pris en grande considération, quand il s'agira de déterminer la valeur de l'usufruit.

CHAPITRE TROISIÈME

D'un cas de réduction spéciale des donations ou des legs faits à l'époux.

L'époux ne procédera pas toujours, *per modum universitatis*, en faisant un legs ou une donation à son conjoint; il ne lui fera pas toujours une libéralité saisissant, de la même manière, l'ensemble du patrimoine, dans ses deux éléments, les meubles et les immeubles. Il se peut que précisément sa donation ou son legs affectent différemment ces deux parties de son patrimoine et que, par exemple, il donne à son époux la propriété de ses meubles et l'usufruit de ses immeubles, ou réciproquement.

La question qui s'élève, c'est de savoir comment la disposition doit être réduite, en cas d'excès, dans une hypothèse semblable. Prenons un exemple : Pierre qui a des enfants laisse à sa femme la propriété de ses meubles et l'usufruit de ses immeubles. Cette disposition est excessive et doit être réduite. Nous savons qu'il ne pouvait disposer, aux termes de l'art. 1094, que d'un quart en propriété et d'un quart en usufruit, ou de la moitié en usufruit seulement. La grande difficulté, c'est de réduire la disposition, en respectant, autant que possible, la volonté de Pierre sur la nature du droit dont il a voulu investir son conjoint, relativement à ses meubles et à ses immeubles.

Dans un premier système, on attribue à l'époux donataire le quart en propriété et le quart en usufruit de tous les biens, soit meubles, soit immeubles, c'est-à-dire le *maximum* de ce qui pouvait lui être donné ; car, dit-on, l'époux ayant dépassé la quotité disponible, a voulu donner au moins à son époux toute la quotité disponible envisagée sous son *maximum* le plus considérable. On voit le vice de ce système. C'est de transformer le caractère de la disposition et d'attribuer à l'époux sur les immeubles un droit de propriété, alors que l'époux donateur ne lui avait attribué qu'un droit d'usufruit.

Dans un second système, on doit faire deux quotités distinctes dont l'une concernant les meubles, et l'autre concernant les immeubles. Ensuite, on appliquera aux meubles qui ont été donnés en pleine propriété, une réduction au quart en pleine propriété et au quart en usufruit ; on appliquera aux immeubles, qui ont été

donné en usufruit, une réduction à la moitié en usufruit. Contre se second système, nous remarquerons
qu'il admet deux masses distinctes et deux modes de
réduction, ce qui est contraire à la lettre de l'art. 922.
Il est vrai que ce système se recommande à nous, en ce
qu'il fait supporter la réduction en même temps au
meubles et aux immeubles, et qu'il entre ainsi dans
l'intention du donateur dont la libéralité s'applique di-
visément, de deux manières différentes, soit aux
meubles, soit aux immeubles. Mais, outre la critique
de tout à l'heure, nous ferons encore observer qu'on
ne saurait trouver dans une prétendue volonté qu'aucun texte n'autorise, une excuse suffisante pour se dé-
tourner des principes ordinaires, en matière de réduction, tels qu'ils sont formulés par l'art. 922.

Un troisième système a été proposé, d'après lequel
la donation en pleine propriété du mobilier doit être
maintenue, du moment où la valeur de ce mobilier
n'atteint pas le quart de toute l'hérédité, dont il est
permis à un époux ayant des enfants du mariage de
disposer en faveur de l'autre époux. Mais, la donation
en usufruit des immeubles est réduite au quart de ces
mêmes immeubles. Nous nous bornerons à demander
aux partisans de ce troisième système, pourquoi ils
n'accordent à l'époux que l'usufruit du quart des
immeubles : en un mot, pourquoi ils ne lui accordent
pas tout ce dont son conjoint pouvait disposer en sa
faveur.

Nous arrivons à un quatrième et dernier système,
qui nous semble préférable aux trois autres que nous
venons de passer en revue : Tous les biens ne forment

qu'une seule masse, et on examine la valeur de ceux
donnés en propriété ; s'ils sont d'une valeur inférieure
ou égale au quart, la donation en propriété est maintenue intégralement, puisque la loi a autorisé cette
donation ; et quant aux biens donnés en usufruit, la
donation est aussi maintenue, mais seulement pour
donner à l'époux avantagé l'équivalent de la moitié des
biens de l'hérédité en usufruit, en y comprenant l'usufruit correspondant aux biens donnés en pleine propriété, en sorte que si les biens donnés en pleine
propriété équivalent au quart, l'usufruit sur les autres
biens sera d'un quart de toute la masse ; que si, au
contraire, les objets donnés en propriété ne valent
que la moitié d'un quart, ou un huitième, l'usufruit
sur les biens devra être des 3/8 de toute la masse,
parce qu'il est évident que ce huitième en usufruit
supplémentaire doit être concédé, puisque l'auteur de
la disposition eut pu donner ce même huitième en
pleine propriété.

Il nous reste encore une question intéressante à examiner. En supposant que le conjoint donataire re-
nonce à la libéralité, quelle va être la conséquence de
cette renonciation ? Qui en profitera ? Cette renonciation élargira-t-elle la quotité disponible, de manière
que les dispositions ultérieures puissent sortir à effet ?
Ou bien les héritiers profiteront-ils de cette renonciation, en vertu du droit d'accroissement. En un mot,
ceux qui profiteront, seront-ce les réservataires ou les
donataires et légataires ? Nous croyons que ce sont
les donataires et légataires qui profiteront de la renonciation. Et d'abord les héritiers qui prétendraient

profiter de cette renonciation, seraient très mal fondés
à invoquer l'art. 786, d'après lequel, la part du renonçant profite à ses co-héritiers. Cet article suppose
que le renonçant est lui-même héritier du même ordre
que ceux auxquels sa part est déférée. En outre, c'est
un droit réciproque qui résulte de cet article, un droit
réciproque entre les héritiers *ab intestat*. Il ne saurait
donc régir les rapports de personnes qui ne recueillent
pas toutes, au même titre, les biens de la succession,
et entre lesquelles la réciprocité n'existe pas. La solution naturelle, c'est donc que la donation, qui faisait
obstacle aux donations ultérieures, venant à disparaître,
les donataires ultérieurs doivent profiter de cette
disposition.

APPENDICE

Si la loi se fut contentée de déterminer les limites dans lesquelles les donations sont permises entre époux, son œuvre eut été inachevée. Elle a dû, afin de la compléter, prévenir les moyens indirects dont on aurait voulu faire usage, pour dépasser les limites qu'elle a tracées. Voilà le but des art. 1099 et 1100.

Le texte de l'art. 1099 a provoqué une grave controverse. Cet article est ainsi conçu : « Les époux ne pourront se donner indirectement au-delà de ce qui leur est permis par les dispositions ci-dessus. Toute donation ou déguisée ou faite à personnes interposées sera nulle. »

Comment faut-il entendre cet article ? Faut-il distinguer les donations indirectes de celles qui sont déguisées ou faites à personnes interposées, en disant que les premières sont réductibles seulement, tandis que les secondes sont radicalement nulles ; ou bien, au contraire, doit-on déclarer que les libéralités déguisées ou faites à personnes interposées sont simplement, comme les libéralités indirectes, réductibles au montant de la quotité disponible ?

Pour résoudre cette importante question, en connaissance de cause, il est indispensable de prendre la théorie à son point de départ. Nous nous demanderons donc d'abord, si les donations, déguisées sous l'apparence d'un contrat à titre onéreux, faites à des personnes capables sont valables, ou si, au contraire, elles sont nulles. Nous nous demanderons ensuite, si ces donations déguisées faites à des personnes qui ne peuvent recevoir que dans une certaine limite sont entièrement nulles, ou frappées de nullité seulement pour l'excédant qui dépasse la mesure dans laquelle elles peuvent être faites. Enfin nous terminerons, en nous demandant si dans le cas spécial prévu par l'art. 1099, celui où la donation est faite par un époux à son épouse, cette donation est entièrement nulle, en la supposant déguisée, ou nulle seulement pour la partie qui excède la quotité disponible.

Avant tout, il s'agit de bien nous fixer sur ce qu'il faut entendre par donation indirecte, donation déguisée.

On entend par donations indirectes, dans un sens spécial, ces libéralités qui gratifient le donataire, sans qu'un bien du donateur soit devenu cependant bien de ce donataire. On peut en citer de nombreux exemples : Un co-héritier a renoncé à sa part dans la succession pour avantager son co-héritier ; un légataire, à son legs, pour avantager l'héritier *ab intestat ;* un ami a payé les dettes de son ami ; il a imposé, dans une convention avec les tiers, une charge en sa faveur art. 1121, 1993. Voilà autant de libéralités indirectes dans lesquelles, comme on le voit, ni la nature de l'acte, ni la personne du donataire n'ont été dissimulées.

Il en est tout autrement dans les libéralités déguisées ou faites par personnes interposées ; le caractère de ces donations est bien, au contraire, de dissimuler soit la nature de l'acte, soit la personne du donataire. A un certain point de vue, on peut dire que les donations déguisées sont indirectes ; ceci du moins est évident pour les donations faites à des personnes interposées ; et même, cette qualification d'indirectes convient encore aux donations déguisées proprement dites, puisque ce n'est que par une voie détournée que la donation arrive au donataire. Mais, remarquons bien que, si les donations déguisées ou faites par personnes interposées sont indirectes, la réciproque n'est nullement vraie ; et ce serait une grave erreur de prétendre que les donations indirectes sont en même temps des donations déguisées.

Nous arrivons maintenant à la question que nous avons posée. Les donations déguisées sous l'apparence d'un contrat à titre onéreux, sont-elles valables, quand elles sont faites à des personnes capables de recevoir. Cette question est une des plus controversées du Code. La majorité des auteurs ainsi que la jurisprudence n'hésitent pas à la résoudre affirmativement. Pour nous, au contraire, notre croyance inébranlable c'est qu'une pareille donation ne saurait valoir, et qu'elle est nulle. Toutefois, il est important que nous déterminions bien la portée du principe que nous venons d'affirmer. Il se peut que la donation déguisée se présente principalement, isolément. Dans ce cas, nous n'avons aucun doute, et nous espérons pouvoir démontrer victorieusement que la donation déguisée est nulle. Mais, les choses ne se présenteront pas toujours ainsi. Il se peut que la donation, au lieu de se présenter principalement, se rattache, au contraire, d'une manière accessoire, à un contrat principal à titre onéreux. La question ici devient plus délicate. Devrons-nous, même dans ce cas, prononcer la nullité de la donation déguisée, ou faudra-t-il, au contraire, la reconnaître valable, en disant que le contrat à titre onéreux soutient la donation. Bien entendu que l'affranchissement des formes, si nous admettons la validité de ces donations, n'emportera pas l'affranchissement des règles de fond. Mais, en supposant que ces règles de fond sur la capacité, sur la disponibilité, aient été observées, *quid juris ?* Nous croyons qu'il serait peut-être à souhaiter que le législateur eût prononcé la nullité de ces donations, parce que la plupart du temps, elles auront emprunté la forme du déguisement pour faire brèche aux dispositions de la loi sur la capacité et la disponibilité ; or il importe, on le comprend, de ne pas favoriser ces manœuvres frauduleuses du disposant qui emploie une voie détournée pour faire des avantages excessifs, ou pour avantager une personne d'une capacité restreinte ou douteuse ; et cela, alors même que les règles de la quotité disponible se trouvent avoir été respectées par lui, à raison des circonstances, ou que le donataire dont la capacité était douteuse a réussi, devant les tribunaux, à faire proclamer cette capacité. Ce système, nous le répétons, est très-moral, et mérite, au plus haut degré, la consécration du droit positif. Mais a-t-il été réellement consacré par notre législation ? Nous n'en croyons rien, et nous pensons que, toutes les fois que la donation déguisée faite à une personne capable se rattache à un contrat principal à titre onéreux, dont elle est la partie accessoire, cette donation est parfaitement valable. En effet, un principe parfaitement certain de notre droit, c'est que la libéralité contenue dans un acte à titre onéreux n'est pas assujétie à d'autres règles de forme que l'acte principal qui la contient. Ni l'art. 893 ni l'art. 931 ne peuvent être invoqués dans l'espèce. Or, s'il en est ainsi, il est évident que la donation ne saurait tomber, puisque la simulation n'est répréhensible dans le for extérieur qu'autant qu'elle est frauduleuse. La donation a été revêtue des formes qui convenaient à sa validité, du moment qu'elle se rattache à un contrat à titre onéreux ; nous supposons qu'elle a été faite par une personne capable à une personne capable. Dès lors, en droit on n'est pas autorisé à reprocher au donateur le déguisement dont il avait voulu la revêtir.

Cette question épuisée, arrivons à la première question que nous avions posée en commençant et demandons-nous si une donation déguisée faite *principalement* à une personne capable peut valoir, ou si, au contraire, elle est frappée de nullité.

Je suppose que l'acte qui se présente comme un acte à titre onéreux, n'a du caractère onéreux que l'apparence, le masque : je suis censé vous vendre ma maison, un écrit est dressé, mais en réalité ce n'est

qu'une donation. Sera-t-il permis de prouver que cet
acte est une libéralité pour en faire prononcer la
nullité, art. 931. Je suppose que c'est le donateur ou
que ce sont ses héritiers ordinaires qui demandent la
nullité. Je ne parle pas des héritiers réservataires, car
bien évidemment, ils ont ce droit, pour se remplir de
leur réserve.

La jurisprudence et la grande majorité des auteurs
se prononcent pour la validité d'un pareil acte. Il est
permis, disent-ils, de faire indirectement ce qu'ils
est permis de faire directement. Une pareille disposition est inattaquable pour vices de forme. Chez
les Romains, lorsque sous forme de vente, il y avait
une donation, *L.* 36, 38 *de contrahenda emptione*, la
donation était valable. Il en était de même dans notre
ancienne jurisprudence, comme le rapporte Furgole.

Notre Code a maintenu cette doctrine ; c'est ce qui
résulte notamment de l'art. 853. Une convention qui
présente des avantages indirects, c'est une donation
déguisée ; or, si le législateur exige le rapport de ces
avantages indirects, c'est donc qu'il reconnaît leur
validité ; c'est donc qu'il reconnaît la validité des
donations déguisées sous l'apparence d'un contrat à
titre onéreux.

C'est ce que montre encore plus clairement l'article 918. Le législateur supposant que l'aliénation, au
profit d'un successible en ligne directe, des biens
d'un patrimoine, soit à charge de rente viagère, ou à
fonds perdu, ou avec réserve d'usufruit, déguise une
libéralité en faveur de ce successible, n'annule pas
une pareille donation. Que fait-il ? Il la transforme

tout simplement, en l'imputant sur la quotité disponible.

L'art. 911 porte que, toute disposition au profit d'un incapable sera nulle, soit qu'on la déguise, etc.; il nous fournit donc un argument très-puissant pour décider que les donations déguisées faites à des personnes capables sont valables.

L'art. 1341 nous dit qu'on ne peut pas prouver contre le contenu des actes. Dans votre système, nous disent nos adversaires, vous autorisez le demandeur à prouver contre le contenu des actes, vous violez l'art. 1341.

Enfin, on fait valoir contre nous cette considération que nous ouvrons la porte, dans notre système, sans grande utilité, à un grand nombre de procès inutiles, puisqu'il est bien évident que les héritiers réservataires peuvent demander la réduction, et que la donation déguisée doit être annulée, quand elle est faite à un incapable.

Nous répondrons à ce système ceci : D'abord, vous nous dites qu'il est permis de faire indirectement ce qui peut être fait directement ; c'est vrai, mais il faut apporter cette restriction à votre principe, à moins que vous ne violiez ainsi les dispositions d'une loi, ce que vous faites. En effet, l'acte n'est pas une vente, puisqu'il manque des conditions essentielles à la vente. Il ne peut donc être maintenu comme vente. Alors, c'est une donation ; mais, cette donation n'est pas valable, art. 931, puisque toute donation doit être faite dans la forme notariée. Vous ne violez pas moins l'art. 893.

Vous violez également l'esprit de la loi ; car, enfin,

elle a un but, en entourant les donations de toutes ces formalités. Dans ce système, dit Delvincourt, celui qui emploie une voie détournée a une situation beaucoup plus favorable que celui qui se conforme à la marche tracée par loi. Le donateur ne risque rien. Si la simulation est découverte, la donation en effet n'en sera pas moins valable.

Les travaux préparatoires — Fenet. T. XIV, p. 61. Tronchet — sont contraires à votre système. Ensuite la loi du 21 juin 1843 confirme notre manière de voir. Comment concilier l'art. 2 de cette loi avec la jurisprudence actuelle. On oppose Droit Romain, mais en Droit Romain, nous n'avions pas l'ordonnance de 1831 ; — Pothier, n° 19, traité de la vente — nous n'avions pas l'art. 931.

On nous oppose encore l'art. 853. La loi suppose une libéralité accessoire et un contrat à titre onéreux principal. En effet, dans ce cas, le législateur ne devait pas dire, d'une manière absolue, que la libéralité serait nulle. Nous avons expliqué plus haut pourquoi.

Et puis, c'est l'art. 918 qu'on invoque contre nous. Nous répondons : le législateur n'a pas la preuve qu'il y a une simulation. Il n'établit qu'une simple présomption. Ce serait donc une très-grave erreur de vouloir placer sur la même ligne, la simple présomption de l'art. 918 et le cas où la preuve de la simulation a été faite.

Nous répondrons à l'argument *a contrario* tiré de l'art. 911, que rien ne nous donne la preuve que le législateur pensât aux personnes capables, en écrivant cet article. L'art. 911 vient à la suite des incapacités. C'est donc une sanction toute naturelle.

Reste l'argument tiré de l'art. 1341. Il faut le laisser de côté, car il faudrait admettre, s'il était vrai, qu'on ne peut prouver contre le contenu des actes, en matière de réduction, ce qui est inadmissible.

Passons maintenant des donations déguisées faites à des personnes capables, aux donations déguisées faites à des personnes incapables ou qui ne pouvaient recevoir que dans une certaine limite. Il est de toute évidence que, si la donation déguisée se présente principalement, et ne s'appuie pas sur un contrat à titre onéreux dont elle soit l'accessoire, elle sera frappée du nullité. Nous le décidons ainsi par un argument *a fortiori*, puisque même dans le cas où la donation déguisée est faite à une personne capable, nous la déclarons nulle dans le cas spécial qui nous occupe.

En sera-t-il de même, en supposant que cette donation se rattache à un contrat à titre onéreux ? Nous le croyons, parce que notre doctrine peut avoir ici une base dans la loi. Que si, dans ce cas, la nature du contrat onéreux principal peut soutenir la donation, et que, par conséquent, ni l'art. 893, ni l'art. 931 ne sont violés, il n'en est pas moins vrai que la simulation est frauduleuse, et que cette circonstance doit suffire pour annuler l'acte, surtout en présence de l'art. 911. Cette base, en effet, dont nous parlions tout à l'heure, ce sera notre art. 911 qui dispose, avec la plus grande généralité de termes, que : « toute disposition, au profit d'un incapable sera nulle, soit qu'on la déguise sous la forme d'un contrat onéreux, soit qu'on la fasse sous le nom de personnes interposées. » Et cet article, bien qu'il ne concerne nommément que les dispositions faites au profit d'un incapable, vise très-certainement aussi les donations déguisées, dans le but de faire fraude aux règles sur la quotité disponible, dont il est question dans le chapitre II, c'est-à-dire les donations déguisées et excessives faites à un enfant naturel, en violation de l'article 908. D'ailleurs, à un certain point de vue, on peut dire aussi que l'enfant naturel est un incapable, puisque même en l'absence d'héritiers réservataires, il ne pourrait recevoir toute la succession. Nous déciderons également, toujours par les mêmes motifs, que la donation est nulle, dans son intégrité, et non pas seulement pour la partie dépassant la capacité du donataire ou le montant de la quotité disponible dont le donateur pouvait disposer. Nous allons encore plus loin, et nous prétendons que, alors même que la donation aurait été faite dans les limites de la capacité du donataire et dans celles de la quotité disponible à laquelle peut prétendre l'enfant naturel, cependant la donation déguisée devra encore tomber, puisque la loi établit dans l'art. 911 une présomption de fraude résultant du déguisement, et que, en vertu de l'art. 1352, il n'est pas permis de combattre la présomption de la loi, toutes les fois que, sur le fondement de cette présomption, le législateur annule un certain acte ou dénie l'action en justice. Le donateur ne serait donc nullement admis à prouver que le déguisement, dont il a revêtu sa donation, comme le prouvent les faits, du reste, était exempt de fraude.

Cette grande digression était nécessaire pour préparer la solution de notre controverse sur l'art. 1099. Maintenant, avec les éléments d'appréciation que nous avons recueillis en route, notre tâche se trouve de beaucoup simplifiée. Nous reprenons la question : Faut-il distinguer les donations indirectes faites à l'époux de celles qui sont déguisées ou faites à personnes interposées, et dire que les premières sont réductibles seulement, tandis que les secondes sont radicalement nulles. Un grand nombre de systèmes ont été proposés. Les uns distinguent entre le cas où la quotité disponible a été dépassée et celui où elle n'a pas été dépassée. Ils ne prononcent la nullité que dans le premier cas, c'est-à-dire qu'ils distinguent là où le texte ne distingue pas, et qu'ils font dépendre le sort de la donation d'un hasard que les parties n'ont pas pu prévoir. Ainsi, d'après eux, selon que la fortune du donateur aura diminué ou augmenté, la libéralité sera valable ou nulle. Un pareil système est en contradiction complète avec l'esprit de l'art. 1099 conçu dans une pensée de suspicion contre les donations déguisées faites entre époux. Si vraiment l'art. 1099 s'inspire de cette pensée, l'augmentation ou la diminution du patrimoine doit être, on le comprend, une circonstance absolument indifférente. Ensuite, l'article 1352 milite en notre faveur. C'est sur une présomption de fraude que le législateur annule les libéralités déguisées entre époux. Ces libéralités doivent donc tomber d'une manière absolue. D'autres auteurs s'attachent à la question de savoir s'il y a eu fraude ou non. Ils annulent dans le premier cas, ils maintiennent dans le second. Ici encore, nous reproduirons notre argument de tout à l'heure. L'art. 1352 détruit votre système. Vous ne pouvez pas prouver contre les présomptions de la loi, sur le fondement desquelles le législateur prononce une nullité.

A notre tour de formuler notre opinion : La donation déguisée faite principalement à l'époux est nulle. Cela va de soi, puisque toute donation, dans ce cas, même celle faite à un étranger capable ne pourrait valoir. Nous n'avons pas besoin de reproduire ici les arguments que nous avons longuement fournis ailleurs. La donation déguisée, accessoire d'un contrat à titre onéreux principal, faite à l'époux, est nulle également, si elle est excessive ; car si elle revêt une forme valable, à raison du contrat onéreux auquel elle se rattache, elle n'en est pas moins viciée par la simulation frauduleuse qui masquait son véritable caractère. Elle est également nulle, alors même qu'elle ne serait pas excessive, et alors même que l'époux serait en mesure de prouver qu'elle a été faite, sans fraude, par les raisons que nous avons données plus haut.

Au contraire, la donation indirecte est seulement réductible.

La distinction que nous établissons ici n'est pas nouvelle dans le Droit. Pothier nous dit que les jurisconsultes Romains l'avaient enseignée.

« A l'égard, dit-il, des contrats qui renfermaient quelque avantage fait à l'un des conjoints aux dépens de l'autre, les jurisconsultes Romains faisaient une distinction entre ceux qui étaient simulés et ceux qui,

sans être simulés, renfermaient quelque avantage.
Ceux qui étaient simulés, qui n'étaient faits que pour
couvrir ou déguiser une donation que l'un des conjoints voulait faire à l'autre, étaient *nuls*. Les autres
étaient valables ; on réformait seulement l'avantage
prohibé qu'ils renfermaient. » Pothier, des donations
entre maris et femmes, n° 78.

Ainsi, voilà bien la donation déguisée et la donation
indirecte signalées, dans le Droit Romain, par des
caractères particuliers, et sanctionnées par des peines
différentes. Rien ne prouve qu'il en doive être autrement sous le Code. Au contraire, la loi est positive
dans notre sens. On ne saurait invoquer l'ancien Droit
où les avis des jurisconsultes étaient très-partagés.
Mais aujourd'hui, nous avons un texte formel qui prononce la nullité pour les donations déguisées ou faites
par personnes interposées, tandis qu'il déclare réductibles seulement les donations indirectes. Du reste, on
trouve l'indication du système de nullité absolue dans
la communication qui fut faite du projet de loi au tribunat : « La simulation des actes, y est-il dit, et l'interposition des personnes, seraient de vains subter-
fuges. Dans ce cas, la donation sera *nulle* par l'effet
de la présomption légale seule, sans que néanmoins les
autres preuves de l'interposition soient exclues à l'é-
gard de ceux qui ne sont pas nominativement dési-
signés. » Fenet, XII, p. 622.

Ainsi, d'après le rapporteur Jaubert, qui, — chose
importante à noter, — est le seul qui se soit occupé
de la sanction pénale attachée à la violation des dispositions relatives à la quotité disponible entre époux,

ce n'est pas l'excédant de la donation, c'est la donation
elle-même qui est *nulle*, lorsqu'elle est simulée ou
faite par personnes interposées. Et cela est fort juste,
selon nous ; car, par leur nature même, ces donations sont suspectes ; elles sont presque toujours le
résultat de la captation ou de la suggestion ; et on
conçoit que le législateur ait cherché à les prévenir
par une pénalité plus efficace que celle qu'il attache
aux donations indirectes, lesquelles se font ouvertement et au grand jour.

Interpréter la loi dans un autre sens, c'est fournir
aux époux un moyen facile d'éluder l'art. 1096. Ils
n'auraient, pour se faire des donations irrévocables,
qu'à les déguiser sous l'apparence d'un acte onéreux,
où à faire une interposition de personnes, ils échap-
peraient ainsi à la prohibition de la loi. Et cependant,
le législateur tient essentiellement à ce que les libéralités entre mari et femme puissent être révoquées.
C'est dans l'intérêt même des époux, et pour les protéger contre leur faiblesse ou leur entraînement. Or,
si l'on refuse d'annuler les actes dont nous nous oc-
cupons, la disposition de l'art. 1096 ne sert plus à
rien, et les époux pourront, à leur gré, s'avantager irrévocablement.

Remarquons enfin que, si loi n'avait pas entendu
établir une différence entre les deux classes de donations dont parle l'art. 1099, le second alinéa de cet
article serait alors sans objet, puisqu'il ne ferait que
reproduire la pensée qui est écrite dans le premier.
Or, il n'est pas supposable que le législateur ait voulu,
dans un même article, écrire la même règle dans

deux alinéas suecessifs. Il n'est pas supposable que,
pour exprimer que la donation était réductible, il ait
dit qu'elle était nulle. Est-ce que jamais le Code a employé les expressions *nulle, annuler*, pour indiquer
des cas de réduction. Dans toute la section deuxième
du chap. III, *des donations*, dans l'art. 1496
et dans bien d'autres, on emploie jamais d'autres
termes que, *réduire* ou *retrancher*. Il est bien évident que, si le Code dit, dans une première disposition, que les donations faites indirectement entre
époux ne vaudront que dans les limites de la quotité
disponible, il entend exprimer une autre idée quand
il dit, dans une seconde disposition, que les dons dé-
guisés ou faits à personnes interposées seront nuls.

Quelles sont les personnes qui pourront demander
la nullité de la donation ? Toutes personnes y ayant
intérêt. Non-seulement les héritiers réservataires,
mais le donateur lui même pourra proposer la nullité,
si la donation a été faite pendant le mariage. Et du
moment que nous admettons le disposant, nous admettons les héritiers quelconques du disposant, même
les non-réservataires. C'est une conséquence de notre
doctrine, d'après laquelle, les donations déguisées ou
faites par personnes interposées sont nulles, dans tous
les cas, alors même qu'elles n'excèdent pas la quotité
disponible. Cependant, certains auteurs leur contestent
ce droit. On peut dire dans le sens de la négative
que, du moment qu'il n'y a pas d'héritiers réservataires, la même protection n'est plus due par le législateur.

Tous les moyens de preuve sont ouverts aux hé-

ritiers pour établir que la donation est faite à personnes interposées, c'est-à-dire pour prouver que le
donataire n'est qu'un prête-nom, et qu'il a été secrè-
tement chargé de rendre la donation au conjoint du
donateur. Mais comme cette preuve serait souvent,
sinon impossible, au moins très-difficile, la loi indique
elle-même une classe de personnes pour lesquelles il
y aura présomption d'interposition ; de sorte que
toutes les donations faites à l'une de ces personnes,
seront réputées faites au conjoint par personnes
interposées, et par conséquent nulles, sans qu'il
soit même permis de prouver qu'il n'y a pas interposition, art. 1352. Ces personnes sont, d'après
l'art. 1100, les enfants que l'autre époux a eus d'un
précédent mariage, et tous les parents dont cet époux
est l'héritier présomptif au moment de la donation.

Que veut dire la loi quand elle parle des *enfants de*
l'autre époux issus d'un autre mariage ? Ces mots
doivent, à notre avis, se prendre dans un sens expli-
catif : on doit entendre par là les enfants du conjoint
qui ne sont pas en même temps ceux du donateur,
les enfants qui ne sont pas nés du mariage actuel,
qui n'appartiennent pas en commun aux deux époux.
Mais, il n'est pas nécessaire qu'ils soient vraiment
issus d'un mariage, on ne voit pas, en effet, de motif
pour que l'interposition ne soit pas présumée tout
aussi bien quand la libéralité est faite à un enfant
naturel, ou même à un enfant adoptif, que lorsqu'elle
est faite à un enfant né d'un mariage légitime. On
comprend pourquoi il n'y a pas présomption d'interposition, lorsque la donation est faite à un enfant

commun ; là qualité de cet enfant justifie suffisamment la libéralité !

Les termes de l'art. 1100 prouvent que, pour reconnaître s'il y a interposition de personnes, il faut,
avant tout, rechercher quelle a été l'intention du
disposant et, par conséquent, se reporter au moment
où la libéralité a été faite, en faisant abstraction des
événements postérieurs. Par conséquent, si le conjoint
du donateur est, à l'époque de la donation, l'héritier
présomptif du donataire, la présomption d'interposition produit son effet, *encore qu'il ne survive pas au*
donataire, c'est-à-dire, d'après la pensée évidente de
la loi, encore qu'il ne devienne pas l'héritier du donataire, quelle que soit la cause qui l'empêche de succéder. Au contraire, si le conjoint du disposant n'est
pas héritier présomptif du donataire au moment de la
donation, la présomption d'interposition n'existe pas,
bien qu'il lui ait succédé, parce qu'alors le donateur
n'a pas pu disposer, dans l'intention de faire passer
l'objet de la libéralité à son époux, dans la succession
du donataire.

Si le nouvel époux a encore son père ou sa mère, et
ses ascendants paternels ou maternels plus éloignés,
ceux-ci ne sont pas légalement présumés personnes
interposées à son égard, puisqu'il n'est pas leur
héritier présomptif. C'est en vain qu'on prétendrait
qu'il sont suspects d'interposition au même degré
que les père et mère, le législateur n'a rien dit,
et les présomptions sont de droit étroit.

Il nous reste encore, pour finir, à examiner une
question importante.

Dans une certaine opinion, on prétend que l'art.
1099 se réfère seulement à l'art. 1098, et ne vise pas
l'art. 1094. Évidemment, ce système est erroné ; il
est démenti par le texte même de l'art. 1099 nous
disant que : « les époux ne pourront se donner indirectement au-delà de ce qui leur est permis par les
dispositions ci-dessus. »

Les dispositions ci-dessus, ceci comprend évidemment l'art. 1094. C'est un renvoi. Si le législateur
avait voulu borner l'application de l'art. 1099 à
l'art. 1098, il se serait exprimé autrement ; il aurait
dit : *L'époux ayant des enfants d'un précédent mariage, ne pourra indirectement donner à son conjoint.*
Ou bien : *L'époux ne pourra indirectemeut donner à
son nouveau conjoint, au-delà de ce qui lui est permis
par l'article précédent.*

D'ailleurs, les motifs qui ont servi de base à l'art.
1099, s'ils s'appliquent, avec moins de force, à
l'art. 1094 qu'à l'art. 1098, conservent cependant
encore dans cette hypothèse, une partie de leur énergie.

L'établissement de la communauté peut entraîner,
pour l'un des époux, un avantage indirect résultant,
par exemple, de l'inégalité des apports réciproques,
ou de l'inégalité du passif mobilier, art. 1496, ou
de la stipulation d'un préciput au profit du nouvel
époux, etc.

Parlons d'abord de la confusion du mobilier et des
dettes. Supposons qu'une femme qui se remarie ayant
des enfants d'un premier lit, apporte en communauté
50,000 fr. de mobilier ; elle a, d'un autre côté,

25,000 fr. de dettes. Au contraire, le mobilier qu'apporte le second mari, ne vaut que 25,000 fr., et il a 50,000 de dettes. Les dettes des deux époux tombent à la charge de la communauté. Toute compensation faite, la femme a mis réellement 25,000 fr. dans la communauté, et le mari l'a grevée, au contraire, d'une dette de 25,000; il y a donc une différence de plus en moins d'une somme de 50,000 fr. Ainsi, que la femme accepte ou non la communauté, elle aura avantagé son mari d'une somme de 25,000 fr. En effet, dans le cas d'acceptation, il y a une différence de 12,500 fr. en faveur du mari, à cause de l'inégalité des apports, et d'une pareille somme à cause de l'inégalité des dettes. Dans le cas de renonciation, la femme perd tout ce qui, de son chef, était entré dans la communauté ; mais, comme d'un autre côté, ses 25,000 fr. de dettes restent à la charge du mari ou de ses héritiers, il ne se trouve avantagé en réalité que de 25,000 fr. Que si donc, dans cette hypothèse, d'après la fortune de la femme et le nombre de ses enfants, la somme de 25,000 fr. dépasse celle qui peut être donnée à un second mari, selon l'art. 1098, cette somme doit être réduite. Dans tous les cas, elle devra être comptée ; et, en supposant que la femme pût donner à son nouvel époux 40,000 fr., elle ne pourrait lui faire valablement une donation directe que de 15,000 fr., puisque, du système de communauté adopté par les époux, il résulte déjà pour lui un avantage de 25,000 fr.

Les enfants nés du mariage ne peuvent prétendre que ces avantages entament leur réserve.

Cette règle de nos art. 1496 et 1527 est empruntée
à l'édit de François II de juillet 1560 sur les secondes
noces. La communauté aurait fourni à l'époux qui
se remarie un moyen trop simple d'éluder les règles
qui limitent sa quotité disponible. Dans l'ancien Droit,
Pothier, n° 551, communauté, il y avait des doutes
en ce qui concerne la communauté légale. On disait
que, s'il y avait un avantage, cet avantage résultait de
la loi. Mais, Pothier faisait observer, avec raison, que
la communauté légale est une communauté conventionnelle tacite, et qu'elle n'est pas forcément établie
par la loi.

Doit-on, pour calculer la valeur des biens que les
époux apportent en communauté, compter les successions mobilières qui leur échoient pendant le mariage ? L'affirmative nous paraît certaine. Le texte de
la loi est formel ; l'art. 1496 porte, sans faire de distinction entre le mobilier apporté lors du mariage, et
celui échu pendant le mariage, que les enfants du
premier lit auront l'action en retranchement, « si la
confusion du mobilier et des dettes opère, au profit
de l'un des époux, un avantage supérieur à celui qui
est autorisé par l'art. 1098. » Or, on ne peut nier que
cette confusion n'existe pour le mobilier échu pendant
le mariage, comme pour celui apporté au moment du
mariage.

L'art. 1527 ne distingue pas davantage. Il porte
que : « toute convention qui tendrait, dans ses effets.
à donner à l'un des époux au-delà de la portion réglée
par l'art. 1098, sera sans effet pour tout l'excédant
de cette portion. » Or, la convention dont il s'agit a

pour effet de faire entrer les successions mobilières
dans la communauté, et par suite, tend bien à procurer un avantage au conjoint. Le conjoint qui a des
enfants d'un premier lit, s'il veut se mettre au-dessus
du soupçon d'avantager son nouveau conjoint, doit
réaliser son mobilier futur et présent. Nous ne saurions donc adopter l'opinion des auteurs qui ne s'attachent qu'à l'inégalité des apports, au moment du
mariage. Voyez cependant, en sens contraire, Pothier,
n° 553 du contrat de mariage. Cette doctrine est en
contradiction complète avec le texte et l'esprit de la
loi

D'après l'art. 1527, « les simples bénéfices résultant des travaux communs et des économies faites
sur les revenus respectifs, quoique inégaux des
deux époux, ne sont pas considérés comme un
avantage fait au préjudice des enfants du premier
lit. »

. On doit interpréter cette disposition, en ce sens,
que l'inégalité des revenus peut être compensée,
quand la communauté est partagée entre les époux,
parce qu'on peut supposer que le nouveau conjoint,
qui avait des revenus moins considérables, a pu enrichir
la communauté par ses travaux et son économie.
Autrement, le but de la loi qui veut qu'il y ait entre
les époux une association, n'aurait pas été rempli.
Mais, il ne faut pas, non plus, exagérer, dans
l'application, la portée de cette idée. La loi suppose
que l'avantage dont il s'agit est uniquement la conséquence de l'inégalité des revenus et des produits de
l'industrie. Or, il en est autrement, lorsque l'époux

qui s'est remarié, et qui avait les revenus les plus
considérables, ne prend pas part à la communauté,
parce qu'il a été stipulé en vertu de l'art. 1525, qu'elle
appartiendrait en totalité au nouveau conjoint. Dans
cette hypothèse l'avantage est la conséquence de la
clause qui donne au nouveau conjoint tous les acquets
de communauté. Ces avantages sont réductibles,
s'il y a lieu, à la quotité de l'art. 1098.

L'industrie du nouvel époux peut-elle compenser
l'excédant d'apport du conjoint ayant des enfants du
premier mariage? Nous croyons que c'est une question
de fait abandonnée à l'appréciation des tribunaux.

POSITIONS

—

DROIT ROMAIN

I. Le mariage, en Droit Romain, est un contrat *sui generis,* qui n'est à proprement parler ni purement consensuel, ni purement réel.

II. Il a divergence d'opinion entre les jurisconsultes Romains sur la question de savoir si les fruits et revenus peuvent faire l'objet d'une donation valable entre époux. Ils s'accordent, au contraire, à prohiber la donation des intérêts de la dot. Cette défense a pour cause la destination de la dot, et non pas la prohibition générale de disposer.

III. L'acceptilation faite par l'époux créancier à l'époux débiteur est absolument nulle, tant à l'égard du débiteur qu'à l'égard de ses *correi promittendi.* L'acceptation faite aux correi de l'époux débiteur produisait à leur profit un pacte *de non petendo.* L'époux restait obligé, nonobstant cette acceptilation, excepté quand il y avait société entre les co-débiteurs.

IV. On peut facilement concilier entre elles les lois 5 § 6 *de don. int. vir et ux. L.* 3 § 10. *h. t., L.* 5 *de fundo dotali.*

V. Africain et Ulpien professaient une doctrine différente, sur la translation de la propriété, comme l'attestent les lois 38 § 1, *de solut. et liber. Dig., L.* 3 § 12, *de don. int. vir. et ux.*

VI. Dans deux cas, l'usucapion du fonds appartenant à l'un des époux par l'autre époux est permise. Ces deux cas sont ceux-ci : 1° les deux époux ignorent que la propriété du fonds appartient à l'un d'eux ; 2° L'époux qui prescrit découvre, seul, ce droit de propriété. Au contraire, elle est défendue dans un troisième cas, celui où les deux époux connaissent ce droit de propriété.

VII. Le sénatus-consulte d'Antonin Caracalla ne se dédouble pas en deux dispositions législatives différentes.

VIII. Ce sénatus-consulte s'applique aussi bien aux donations par simple promesse qu'aux *donationes rerum.*

DROIT FRANÇAIS

I. La quotité disponible fixée par l'art. 1094, deuxième alinéa, C. N. est la seule à laquelle le conjoint puisse jamais prétendre; les dispositions de l'art. 913 ne peuvent pas être invoquées par lui.

II. L'art. 1094, deuxième alinéa, permet à l'époux de disposer, au profit de son conjoint, d'un quart en pleine propriété et un quart en usufruit, ou de la moitié en usufruit seulement. L'art. 917 ne s'applique pas entre époux.

III. L'époux qui donne à son conjoint l'usufruit des biens, dont la nue-propriété fait partie de la réserve, ne peut pas dispenser ce conjoint de fournir caution.

IV. L'art. 1094 s'applique aux rentes viagères comme à l'usufruit, c'est-à-dire qu'il exclut, aussi bien pour les rentes viagères que pour l'usufruit, l'application de l'art. 917.

V. Quel que soit l'ordre des donations faites par un époux en faveur de son conjoint et d'autres donataires étrangers, pourvu que ces différents donataires ne reçoivent pas plus que leur quotité disponible respective, et que l'ensemble des donations ne dépasse pas la quotité disponible la plus forte, ces donations devront toujours être maintenues.

VI. Les donations déguisées faites à une personne capable, et qui ne se rattachent pas un contrat onéreux, sont nulles, comme celles faites à une personne incapable.

VII. La règle de l'art. 1099 du Code Napoléon, doit être interprétée en ce sens, que les libéralités indirectes entre époux sont seulement réductibles, tandis que celles faites, au moyen d'une simulation d'acte onéreux ou d'une interposition de personnes, sont radicalement nulles.

VIII. Lorsque l'action en réduction des libéralités excédant la quotité de 1098, s'est ouverte dans la personne des enfants du premier mariage, ceux du second lit en profitent ; et même, si les enfants du premier mariage n'exercent pas cette action, ceux du second peuvent l'exercer de leur chef.

IX. La sanction décrétée par l'art. 1099 vise aussi bien l'art. 1094 que l'art. 1098.

X. Les art. 1496, 1527 s'appliquent aussi bien aux avantages résultant, pour l'un des époux, des successions futures qu'à ceux résultant de l'inégalité des apports. Ils s'appliquent aussi bien à la communauté légale qu'à la communauté conventionnelle. Ils ne s'appliquent pas aux avantages provenant de l'inégalité des revenus.

DROIT COUTUMIER

I. La communauté de biens entre époux rattache ses origines à l'ancienne société de conquets, aux anciennes communautés taisibles, et non à des pratiques Romaines ou Gauloises.

II. L'art. 283 de la coutume de Paris ne défend pas au conjoint qui n'a pas d'enfants, de donner aux enfants de l'autre conjoint.

III. La femme, dans la coutume de Paris, n'est pas reçue à révoquer le don mutuel, pour le défaut d'insinuation.

DROIT CRIMINEL

I. La prescription, en matière criminelle, n'est pas susceptible, comme la prescription civile, d'inter·ruptions indéfinies, et elle ne comporte aucune cause de suspension.

II. Une cour d'assises peut, sans se mettre en opposition avec le verdict d'acquittement du jury déclarer que le fait matériel, incriminé par l'accusation, a été causé par la faute de l'accusé, et prononcer contre lui des dommages et intérêts.

HISTOIRE DU DROIT

I. Les censives se rattachent au *precarium* et aux *patrocinia vicorum*.

II. Les fiefs ont leur origine dans les habitudes de clientèle militaire des Germains, d'après lesquelles le chef devait récompenser par des donations ses compagnons d'armes.

III. Les Romains n'ont pas connu notre ministère public.

DROIT DES GENS

I. Le commerce des neutres avec les colonies des nations belligérantes, même soumises au régime colonial, n'est pas en principe contraire à la neutralité.

II. Lorsqu'un neutre ne reconnaît plus aux bâtiments de guerre qui sont dans ses ports les droits de belligérants, il doit leur donner, pour s'éloigner, un délai pendant lequel ils ne pourront être poursuivis par les navires ennemis mouillés dans les mêmes ports.

Vu par le Président de la thèse,
BUFNOIR.

Vu par l'Inspecteur général délégué,
C. GIRAUD.

Permis d'imprimer
Le Vice-Recteur,
A. MOURIER.

Abbeville. — Imp. P. Briez.

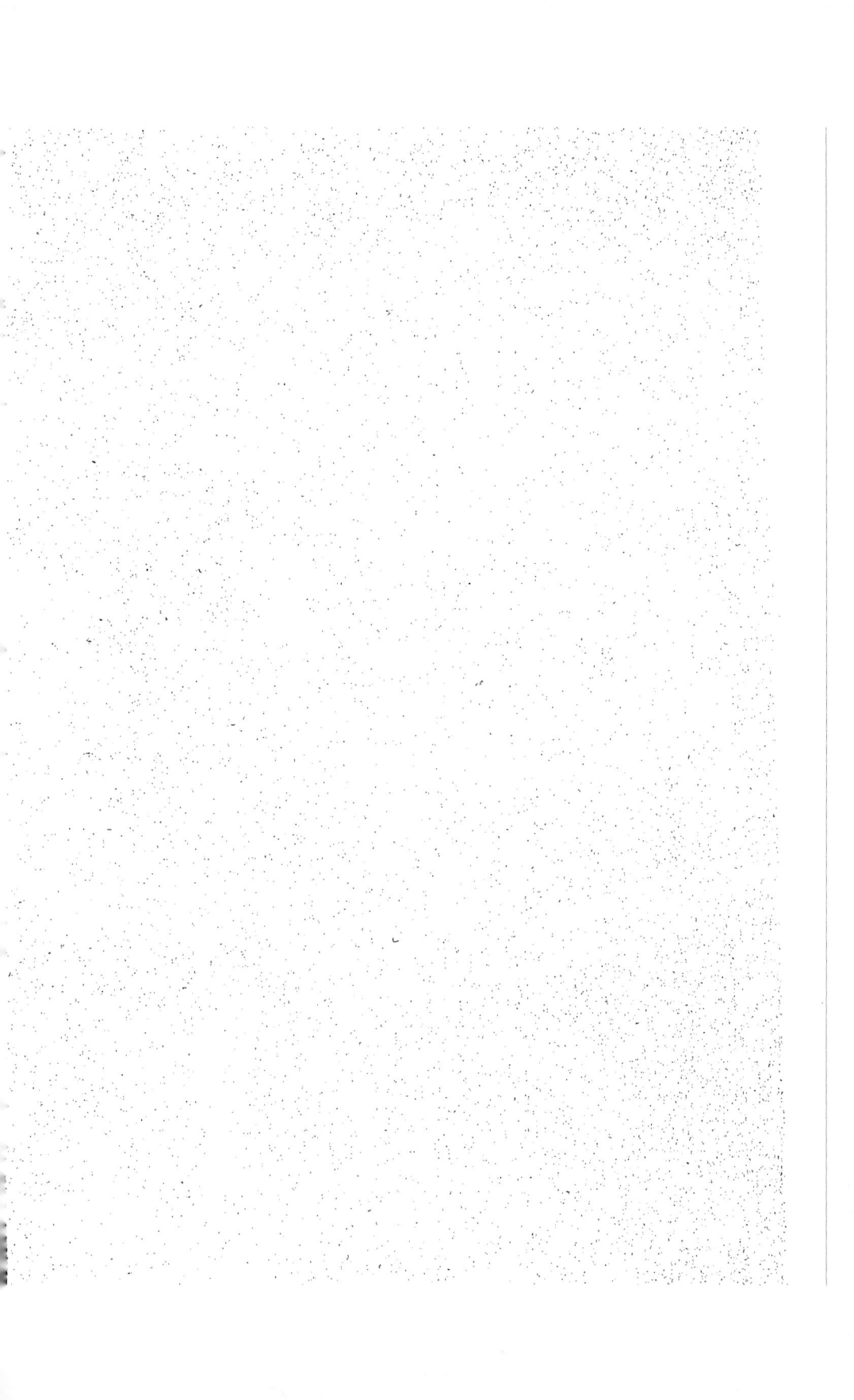

LIBRAIRIE DE GUSTAVE RETAUX

—

Théorie des contrats innommés et explication du titre *De prescriptis verbis* au Digeste, par Calixte ACCARIAS, professeur à la Faculté de Droit de Douai.

1 beau vol. in-8°, *franco* . . . . 6 fr. 50

—

Traité de la criminalité, de la pénalité et de la responsabilité, soit pénale, soit civile, en matière de contraventions, de délits et de crimes, par A. F. LE SELLYER, ancien professeur de Procédure Criminelle et de Législation criminelle à la Faculté de Droit de Paris. 2 forts vol. in-8°.

Abbeville. — Imprimerie de P. Briez.

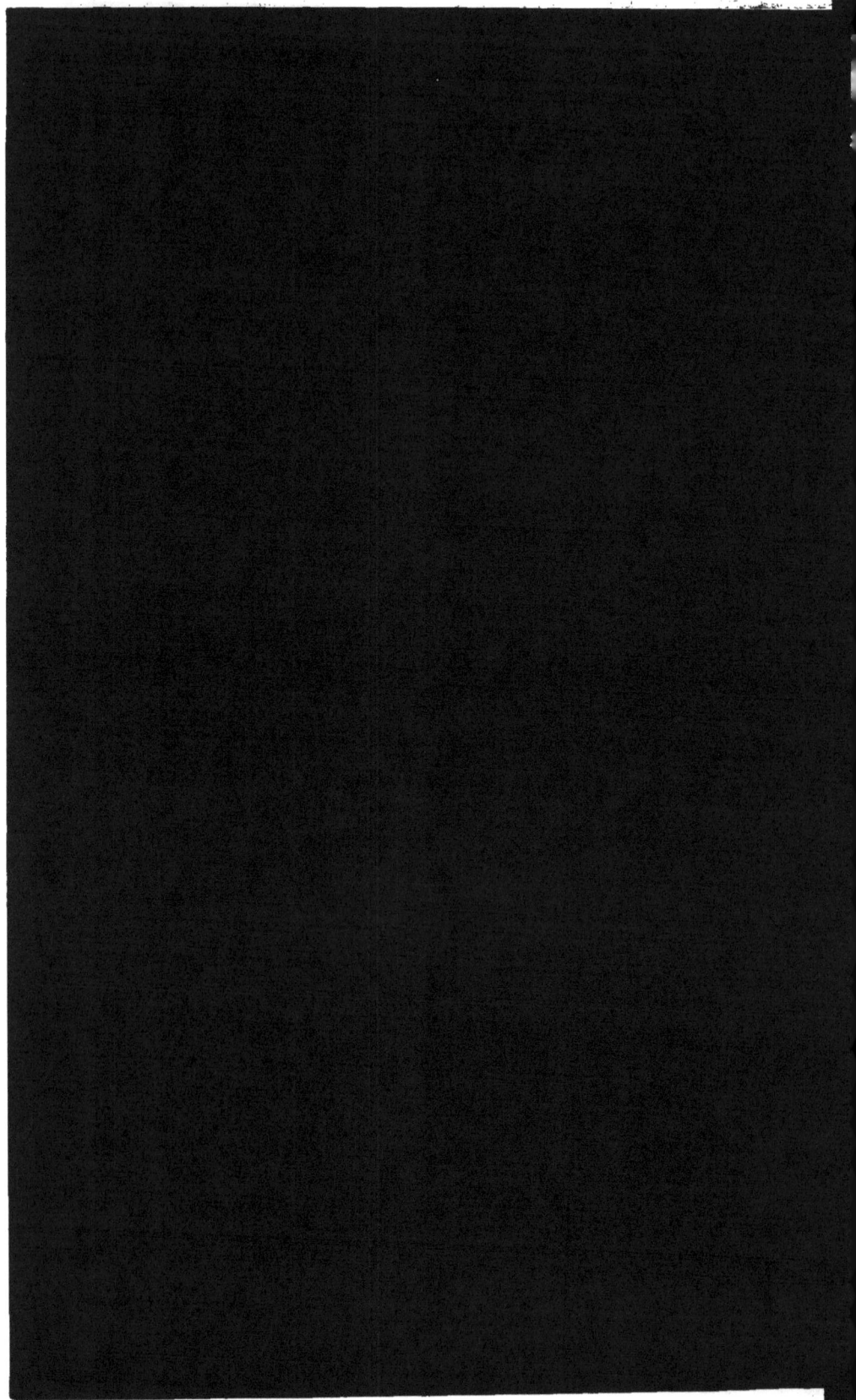

www.ingramcontent.com/pod-product-compliance
Lightning Source LLC
Chambersburg PA
CBHW070537200326
41519CB00013B/3060